인간의 영적 본질에 대한 신성한 탐구

신지학 神智學

신지학

1판 1쇄 인쇄일_ 2001년 4월 7일 | 1판 3쇄 발행일_ 2016년 5월 21일 | 지은이_ 루돌프 슈타이너 | 옮긴이_ 양억관, 타카하시 이와오 | 펴낸이_ 류희남 | 편집장_ 이점석 | 표지 본문디자인_ 김은정 | 펴낸곳_ 물병자리 | 출판등록일 (번호)_ 1997년 4월 14일(제2-2160호) | 주소_ 110-070 서울시 종로구 새문안로5가길 11, 801호(내수 동, 옥빌딩) | 대표전화_ (02) 735-8160 | 팩스_ (02) 735-8161 | 이메일_ aquari@aquariuspub.com | 트위터_@AquariusPub | 홈페이지_ www.aquariuspub.com | ISBN_978-89-87480-36-7 03110

인간의 영적 본질에 신성한 탐구

신지학

神智學

루돌프 슈타이너
양억관 | 타카하시 이와오 옮김

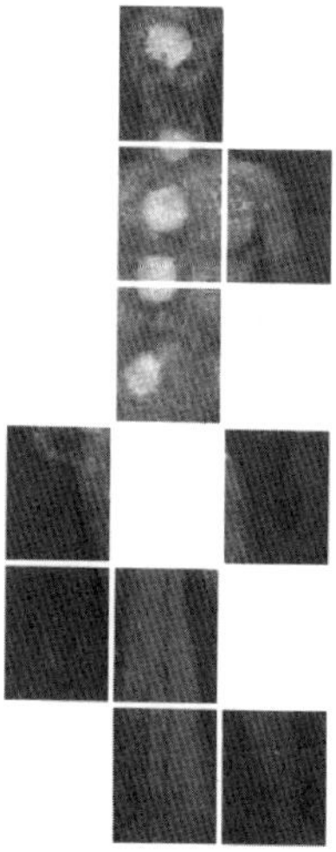

물병자리

차례

제3판 머리말

제2판에서도 그랬듯이, 보다 명확히 뜻을 전하기 위해 중요한 부분을 가필 수정하였다. 이미 초판과 제2판에서 언급한 내용 가운데 본질적으로 바뀐 부분은 없다. 또한 본서의 과제에 대해, 초판에서 언급한 것과 제2판 머리말 속에서 첨가한 말에 대해서도 손을 댈 필요성을 느끼지 못했다. 다시 한 번 그 내용을 설명해 두자.

나는 이 글을 통하여 초감각적 세계에 대한 약간의 시사를 던져 둘 생각이다. 감각적 세계만을 유일한 존재로 믿는 사람은 이 말을 공허한 상상의 산물로 취급할 것이다. 그러나 감각계를 넘어 서는 길을 추구하는 사람은 또 하나의 세계를 통찰해야만이 인간생활의 가치와 의미를 발견할 수 있다는 본서의 관점을 이해할 수 있을 것이다. 이 책에서 말하는 길을 간다고 해서 많은 사람들이 염려하듯이 현실 생활에서 벗어나지 않는다. 왜냐하면 그 길을 통하여 우리는 살아가는 자세를 배우기 때문이다. 이 길은 인생의 여러 가지 요인들을 인식하도록 가르친다. 이 길에 대한 통찰이 없으면 맹인처럼 인생의 결과들 속을 더듬으며 나아가야 할 것이다. 초감각적 존재가 인식될 때, 감각적 "현실" 또한 의미를 가진다. 그러므로 초감각적 인식을 가진 사람이 인생을 더 잘 살아갈 것임은 너무도 당연하다. 인생을 이해하는 사람만이 진정으로 "실제적" 인간일 수 있다.

나는 스스로 체험하고 인식한 것만을 말했다. 특히 이런 분야의 글은 자신의 체험만이 표현 대상이 되어야 한다.

이 책은 오늘날의 일반적인 독서 방법으로 잘 읽힐 수 있게 쓰여져 있지 않다. 어떤 구절이라도 독자 자신의 정신적 작업으로 해석되어야만 할 것이다. 나는 의식적으로 그렇게 썼다. 왜냐하면 이 책은 그때서야 비로소 독자의 소유물이 될 수 있기 때문이다. 한번 통독하는 데 그친다면 이 책을 읽지 않은 것과 같다. 진실된 내용은 체험되어야 한다. 영학은 이런 의미에서 가치를 가진다.

일반적인 과학적 입장에서 본서를 평가하고 싶다면, 그 평가의 관점 또한 이 책을 통하여 형성되어야 할 것이다. 이런 관점에 서면, 이 책의 내용이 진정한 과학정신에서 벗어나 있지 않다는 사실을 알 것이다. 필자는 단 한 마디도 나의 학문적 양심에서 벗어나는 말은 하지 않았다.

다른 길을 통하여, 여기서 내가 말한 사실들을 추구하고 싶다면, 나의 다른 저서《자유의 철학》에서 그 길을 발견할 수 있을 것이다. 여기서는《자유의 철학》과 다른 방법으로 그 길을 제시하였다. 한 쪽을 이해하기 위해 반드시 다른 쪽을 볼 필요는 없지만, 양쪽 길을 다 걷는 것도 매우 유익할 것이다.

이 책에서 궁극적인 진리를 찾으려 하는 사람은 아마도 만족하지 못할 것이다. 여기서 나는 영학의 전 영역 가운데서 기본적인 사실만을 언급하였기 때문이다. 우리는 누구든 우주의 시작과 끝, 존재의 목적, 신의 본질을 알고 싶어한다. 그런 오성을 위한 언어나 개념보다도 인생을 위한 신성한 인식을 소중히 여기는 사람이라면 영적 인식의 기본을 다루는 이 책 속에서 예지의 고차적 단계에 속하는 일들을 언급하지 못하는 사정을 충분히 이해할 수 있을 것이다. 기본을 인식해야 비로소 고차적 문제 제기의 방법이 밝게 드러날 수 있다. 이 책의 뒤를 이를 저자의《신비학 개론》속에 여기서 다루지 못한 영역들이 서술될 것이다.

제2판의 머리말에는 다음과 같은 말이 첨가되었다.

오늘날 초감각적 사실들을 표현하는 사람은 두 가지 점을 명백히 알아두어야 한다. 첫째, 우리 시대가 초감각적 인식의 육성을 필요로 하고 있다는 것, 둘째, 오늘날의 정신생활 속에는 이러한 표현을 터무니없는 환상으로 치부하는 감정이 가득 차 있다는 것이다. 현대가 초감각적 인식을 필요로 한다고 말하는 이유는, 우리가 일반적인 방법으로 세계와 인생을 경험할 때, 그 체험내용이 그 사람 안에서 초감각적 진실을 통해서만 대답할 수 있는 무수한 문제의식들을 불러일으키기 때문이다. 오늘날의 정신과학의 흐름 속에서 존재의 기초에 대해 깊이 사고하는 혼이 배울 수 있는 것은, 세계와 인생의 수수께끼에 대한 대답이 아니라 그 물음이다. 얼마 동안은 "엄밀한 과학적 사실이 이야기하는 것"과 몇몇 현대 사상가의 언설 속에 존재의 수수께끼를 해결해 줄 단서가 있다고 믿을 수 있을지도 모른다. 그러나 혼이 스스로를 이해하기 위해서 반드시 들어가야 할 깊이에 이르면, 처음에는 해답처럼 보이던 것이 진정한 문제를 위한 문제제기에 지나지 않는다는 사실을 깨닫는다. 그리고 이러한 문제의식에 대한 해답은 단순히 호기심을 충족시켜 주는 것이어서는 안 된다. 충실한 혼 생활과 내적평정은 바로 이러한 해답 여하에 달려 있다. 노력하여 그 해답을 발견하는 것은 지적 충동을 만족시켜 줄 뿐만 아니라, 일에 유능하고 인생의 과제에 대처할 수 있는 인격을 만들어낸다. 그러나 해결책이 발견되지 않으면 혼뿐만 아니라 육체

마저 위축되고 만다. 초감각적 존재의 인식은 단순한 이론적 요구로서만이 아니라 실생활에도 유익하다. 이러한 현대 정신생활의 실상 때문에 영적 인식은 우리 시대에 필요 불가결한 인식 영역이 되는 것이다.

그러나 오늘날의 많은 사람들은 가장 필요한 것을 더 강하게 뿌리치는 경향이 있다. "확실한 과학적 경험"의 기초 위에 세워진 강제력을 발휘하는 견해들 때문에 사람들은 이 책의 내용을 근거도 없는 넌센스로 취급해 버린다. 초감각적 인식 내용을 논하려는 사람은 어떤 환상에도 사로잡히지 않고 이 현실과 마주할 수 있어야 한다.

당연히 사람들은 이러한 사람의 주장에 대해 "아무도 비난할 수 없는" 완벽한 증명을 해 보이라고 요구할 것이다. 그러나 그렇게 요구하는 것 자체가 착각에 지나지 않는다는 사실을 그들은 느끼지 못하고 있다. 왜냐하면, 그 사람들은 사실들 속에 내재하는 증명 그 자체를 요구하는 것이 아니라, 자신이 인정하고 싶은 것을 무의식적으로 요구할 따름이기 때문이다. 이 책에는 현대의 자연 인식을 기반으로 삼는 사람들이 긍정할 수 없는 어떤 내용도 언급하지 않았다. 나는 자연과학의 모든 요청에 응할 수 있다고 자부한다. 정녕 그렇기 때문에 초감각적 세계에 관한 본서의 서술은 그 서술 방식 속에서 그 근거를 발견할 수 있는 것이다. 진정한 의미의 자연과학적 사고방식이야말로 본서의 표현 방법에 친화성을 느낄 것이다. 그리고 진정한 자연과학적 방법론 위에 서는 사람은 괴테의 "거짓 가르침은 반론을 허락하지 않는다. 왜냐하면 거짓이 진리라는 확신에 기초해 있으므로"라는 말이 의미하는 그 방식으로 누군가가 논쟁을 걸어오고 있음을 느낄 것이다. 자신의 사고 방식 속에 있는 논거만을 통용시키려는 사람끼리 벌이는 논쟁은 불모 그 자체이다. "증명하는 것"의 본질을 잘 아는 사람은 인간의 혼이 진실된 것을 발견하는 것이 논쟁과는 전혀 다른 길 위에 있음을 잘 알고 있다.

이 책은 제2판이나 지금이나 이런 기본적 태도로 독자에게 던져져 있다.

루돌프 슈타이너

신판 머리말

1918년 제9판 출간을 앞두고 이 책에 대해 나는 많은 추고를 가했다. 그 이후 여기에 표현되어 있는 인지학적 세계관과 상반되는 분야의 많은 책들이 세상에 나왔다. 1918년의 개정판에서 많은 부분을 가필하였으나 이번 신판에서는 그리 손을 대지 않았다. 그러나 나는 나의 저술들의 여러 부분에서 가능한 비난을 나의 입장에 서서 그 비난의 무게를 가늠하여 무력하게 만들어 왔다. 그런 문장들에 주의를 기울인다면 반대편의 문헌에 대해 내가 말하고자 하는 본질적인 점을 알 수 있을 것이다. 1918년 이후 4년 간, 인지학적 세계관이 많은 측면에서 확대되고 심화되었음에도 불구하고, 이번에 신판을 내면서도 개정할 필요성을 느끼지 못했다. 4년 간의 확대와 심화가 본서의 내용을 변경시키지 않았던 것이다. 그동안 인식해 온 일들에 비춰보아도 이 책의 내용에 본질적인 변화를 줄 필요성이 없음이 분명해졌기 때문이다.

슈투트가르트에서 1922년 11월 24일

루돌프 슈타이너

서론

1813년 가을, 피히테(1762~1814)는 진리 탐구에 바친 자신의 삶을 결산하는 저서《지식학》에 대해 강연하면서 이렇게 말한다.

"나의 학설은 전혀 새로운 인간의 내적 기관을 전제로 하고 있습니다. 이 기관을 통해 우리는 일상적인 감각으로는 전혀 알 수 없는 새로운 세계를 알게 되는 것입니다."

그리고 일반적인 감각 표상으로 모든 것을 판단하려는 사람을 향해, 하나의 비유를 들어 이렇게 말한다.

"눈이 보이지 않는 사람의 세계를 생각해 봅시다. 그 사람의 앞에는 촉각으로 느낄 수 있는 세계가 놓여 있을 것입니다. 그 사람들에게 시각을 가진 사람들이 느끼는 색채와 다른 사실들을 이야기한다고 합시다. 그러나 그 사람들에게, 그것은 실재하지 않는 세계입니다. 그런 이야기를 하다가 우리는 금방 자신이 오류를 범하고 있음을 알게 될 것입니다. 그래서 그 사람들의 눈을 뜨게 할 수 없는 이상, 그게 얼마나 쓸데없는 일인가를 알고 그만두게 될 것입니다."

여기서 피히테가 암시하려는 그것에 대해 이야기하는 것 또한 눈이 보이지 않는 사람에게 색채에 대해 이야기하는 것과 같다.

그러나 여기서 내가 말하고자 하는 것은 인간의 지고한 목표와 관련된 문제이다. 그러므로 "쓸데없는 이야기"는 그만두라는 태도는 인류의 미래에 관계하지 않겠다는 것이나 다름없다. 오히려 우리는, 누구든 "눈을 뜰 수 있다"는 사실을 단 한 순간이라도 망각하지 않는 올바른 의지를 가져야 한다.

외적 감각에 드러나지 않는 인간의 진정한 모습을 인식케 하는 "내적 기관들"을 느끼는 사람들은 올바른 의지를 가지고 그것을 말해 왔다. 그래서 "숨겨진 예지"에 대한 이야기는 오랜 옛날부터 면면히 전해져 온 것이다.

이러한 예지를 얻은 사람은, 건강한 눈이 색채를 느끼듯이 자신의 내면에 살아 숨쉬는 예지를 생생히 느낀다. 이미 그에게는 "숨겨진 예지"에 대한 어떤 증명도 필요없다. 그리고 "고차적 감각"이 열린 다른 사람도 자신과 똑같은 체험을 하고 있다는 사실을 알고 있다. 그는 이야기할 것이다. 마치 미국 여행을 다녀와서, 언젠가 미국에 한번 가 볼 생각으로 그의 이야기를 들으러 온 사람에게 여행담을 들려주듯이.

그러나 초감각적 세계를 관찰하는 사람은 앞으로 영계를 탐구하려는 사람에게만 이야기해서는 안 된다. 모든 사람을 향하여 말해야 할 것이다. 왜냐하면 그것이 모든 인간에게 관련한 이야기이므로. 그리고 이런 초감각적 세계를 모르는 한 진정한 의미에서 "인간"일 수 없다는 것도 그는 잘 알고 있다.

모든 사람을 향해 이야기하는 또 하나의 이유가 있다. 그것은 어떤 사람도 어느 정도까지는 영적 사실을 이해할 수 있기 때문이다. 아직 영적 탐구와는 거리가 먼 사람도, 그의 이야기를 이해할 수 있다. 모든 인간의 내면에는 진리를 향한 감정과 이해력이 있는 법이다. 그는 모든 건전한 혼 속에서 빛을 발하는 그런 이해력을 믿고, 이야기한다. 그 이해력 속에 고차적 인식으로 이끌어 가는 힘이 숨어 있다. 진리를 향한 감정을 가졌다 해서 예지를 얻은 사람의 말을 다 이해할 수 있는 것은 아닐 것이다. 그러나 그 감정이 "영적 눈"을 뜨게 하는 마술사이다. 그 감정은 어둠 속에 숨쉬고 있다. 혼은 볼 수가 없다. 그러나 그 감정을 통하여 혼은 진리의 힘을 손에 넣는다. 그러면 진리 쪽에서 혼 쪽으로 접근해 온다. 진리가 그 혼을 위해 "고차적 감각"을 열어줄 것이다. 사람에 따라 다르긴 하나, 누구든 언젠가는 체험할 수 있다. 인내심을 가진 사람만이 그 목표에 이를 수 있는 것이다.

어떤 사람이라도 영적 눈을 열 수 있다. 다만 그 눈을 열 때까지 시간이 필요할 뿐이다.

학식이나 과학적 교육은 이런 "고차적 감각"을 여는 조건이 될 수 없다. 소박한 인간이건 지적 수준이 높은 사람이건, 이 감각에 대해서는 공평하다. 우리가 신봉하는 현대과학은 오히려 영적 눈을 뜨는 데 방해가 된다. 왜냐하면 과학은 일상의 감각에 통용되는 것만을 "현실"로 받아들이기 때문이다. 물론 그러한 현실 인식이 인류에게 많은 편리를 제공했지만, 자신의 성공을 보장하는 것만을 모든 지식의 기준으로 삼는 과학은 고차적 감각에 이르는 통로를 가로막는 무수한 편견을 낳고 있기도 하다.

어떤 사람은 인간의 인식에는 "넘을 수 없는 벽"이 있다고 주장한다. 인간은 그 한계를 넘어 설 수 없다. 그래서 그 "한계"를 무시하는 모든 인식 행위를 부정해 버리는 것이다. 그 한계를 넘어 선 것으로 판단되는 어떤 사실에 대해 이야기하면, 제 주제를 모른다고 비난한다. 그 사람은 고차적 인식 능력을 개발할 수 있다는 사실을 간과하고 있다. 인식의 한계를 넘어 선 것으로 보이는 것들도 고차적 인식 능력을 개발하면 우리의 인식 범위에 들어 올 수 있다.

물론 다음과 같은 타당한 견해도 있다.

대체 무슨 이유로, 보통 사람의 인식 능력이 이르지 못하고 일상적 감각으로 알 수 없는 그런 것들을 말하려 하는가.

그러나 이런 의문은 타당하지 않다.

어떤 필요한 것을 찾아내려면 거기에 합당한 능력이 있어야 할 것이다. 그러나 발견된 어떤 것을 일반에게 전달하면, 공정한 논리와 건전한 진리 감정을 가진 사람이라면 누구든 그것을 이해할 수 있다.

나는 여기서 편견에 사로잡히지 않은 열린 사고와 자유로운 진리

감정을 가진 모든 사람에게, 그런 사고와 감정의 힘만으로 인간 생활이나 세계현상의 수수께끼에 접근할 수 있다는 사실을 이야기하고자 한다.

만일 여기서 제시하는 나의 말들이 사실이라면, 삶의 의미를 해명할 수 있을까? 이 책을 읽으면서 여러분은 일단 그렇게 물어야 할 것이다. 그러면 자신의 삶이 스스로 대답을 하고 있다는 사실을 깨닫게 될 것이다.

고차적 세계를 가르치는 "선생"이 되기 위해서는 그 세계에 이르는 감각이 열린 것만으로는 부족하다. 일상세계를 가르치는 선생이 과학을 알아야 하듯이, 이 역시 하나의 "과학"이 필요하다. 현실 세계에 대한 건전한 감각만으로 "학자"가 될 수 없듯이, 영적인 눈만 열려 있다고 해서 영계를 통달할 수 없다.

모든 현실 세계, 물질적 현실계와 고차적 영적 세계는 같은 존재의 다른 표현에 지나지 않는다. 그러므로 현실계에 무지한 사람은 고차적 세계에 대해서도 무지하다. 영적 소명을 받아 존재의 영적 영역에 대해 이야기할 의무를 느끼는 사람은 책임감을 가져야 한다. 그는 겸허하고 진솔한 자세를 가져야 한다. 이런 자세는 결코 진리를 배우려는 사람들의 의욕을 꺾거나 방해하지 않는다. 또한 현실적인 학문 연구의 기회를 누리지 못하는 사람들의 의욕을 꺾지도 않는다. 왜냐하면, 식물학, 동물학, 수학과 같은 과학을 전혀 몰라도 인간으로서 자신의 의무를 다할 수 있지만, 초감각적 사실을 통해 밝혀진 인간의 본질과 사명에 관계하지 않고서는 진실한 의미에서 “인간”일 수 없기 때문이다.

우리는 자신이 높이 우러러보는 지고한 것을 “신”이라 부른다. 인간의 사명은 이런 신적인 것과 관련되어 있다. 그 때문에 감각적 존재를 넘어 선 예지, 인간의 사명과 본질을 밝히는 예지를 “신의 예지”, 즉 신지학(神智學)이라 하는 것이다. 우주와 삶의 영적 활동을 고찰하는 학문을 영학(靈學)이라 한다. 여기서는 영학 가운데서도 특히 인간의 영적 본질의 핵심에 관련된 문제를 다룰 경우 “신지학”이라는 표현을 사용하였다. 이 말은 수세기에 걸쳐 그런 관점에서 사용되어 왔다.

이 책은 신지학적 세계를 묘사하게 될 것이다. 눈과 귀와 오성으로 세계를 하나의 사실로 받아들이는 것과 똑같은 의미에서, 나는 사실만을 다룰 것이다.

여기서는 마지막 장 “인식의 좁은 길”을 걸어가려는 모든 사람이 얻을 수 있는 체험내용만을 다룰 것이다. 건전한 사고와 건전한 감수성만 있으면 고차적 세계에서 다가오는 모든 인식 내용을 이해할 수 있다는 것, 그 이해를 바탕으로 확고한 토대를 쌓았을 때, 이미 영적인 눈을 열 준비가 되었다는 것, 이 두 가지를 받아들일 때 당신은 올바르게 초감각적 세계와 마주하게 된다.

물론 이것만으로는 불충분하다. 다른 무엇을 더하지 않으면 초감각적 체험을 했다고 할 수 없다. 그러나 위에서 서술한 기본적인 태도를 무시하고 다른 방법으로 고차적 세계로 나아가려 할 때, 인식의 문은 굳게 닫혀버릴 것이다. 자신의 눈으로 고차적 세계를 보지 않으면 믿지 않겠다는 태도는, 보는 행위 그 자체를 가로막는 걸림돌이 된다. 이것은 하나의 원칙이다. 앞으로 보게 될 사실을 건전한 사고로 미리 이해하려는 의지를 가질 때, 당신은 보다 빨리, 높이 오를 수 있다. 그런 의지가 "견자의 직관력"을 길러주는 중요한 심적 능력이다.

인간의 본질

인식의 길을 멋들어지게 표현하는 괴테의 말을 들어보자.

"인간은 대상을 금방 자기 자신과 관련시켜 생각하는 버릇이 있다. 그것은 당연하다. 왜냐하면 대상이 자신의 마음에 드는가 안 드는가, 매력이 있는가 없는가, 유용한가 해로운가, 그런 것들이 자신의 운명과 관련되기 때문이다. 우리는 너무도 자연스럽게 이런 태도로 사물을 관찰하고 판단해 버린다. 그러나 인간은 그런 태도 때문에 많은 오류를 범하고 있고, 그 오류로 인하여 고통받고 있다.

자연의 대상들을 그 자체로, 또는 상호 관계로 고찰하려고 노력하는 사람들은 그런 활발한 인식 충동 때문에 곤란을 겪게 된다. 왜냐하면, 사물을 자신과의 관계로 고찰할 때 사용하는 척도 자체가 아무 소용없다는 것을 깨닫게 될 것이므로. 자연에는 마음에 드는가 안 드는가, 마음이 끌리는가 반감을 느끼는가, 유용한가 해로운가, 하는 척도가 없다. 그런 판단 기준을 버리고 평등한 관점, 이른바 신적인 태도로서 존재하는 그 자체를 탐구하지 않으면 안 된다. 성실한 식물학자처럼, 식물의 아름다움이나 유용성이 아니라, 식물의 형성, 다른 식물과의 관계를 탐구하고 모든 식물이 태양 앞에 평등하게 드러나듯이 조용한 눈길로 관찰하고 음미하며, 모든 판단의 척도를 자신으로부터 끌어내는 것이 아니라, 사물의 세계에서 끌어내야 하는 것이다."

이런 괴테의 사상을 통해 볼 때, 인간은 대체로 세 가지 방향으로 관심을 기울인다 할 수 있다.

첫째, 우리의 감각기관으로 끊임없이 정보를 보내는 대상이다.

둘째, 이런 대상들이 주는 인상이다. 우리가 어떤 것에 호감을 가지거나 반감을 느끼고, 유용한가 해로운가, 마음에 드는가 안 드는가를 따지며, 욕망을 느끼고 혐오감을 갖기도 한다.

셋째, "신적 태도"를 통해 대상에서 얻은 인식 내용이다. 그것은 그 대상이 그에게 밝힌 작용과 존재의 비밀이다.

이 세 가지 영역은 인간 생활 가운데서 뚜렷이 구별된다. 그래서 인간은 세 가지 방식으로 세계와 관련되어 있다.

첫째로, 인간은 눈앞에 주어진 세계와 관련되어 있다.

둘째로, 인간은 세계를 그 자신에게 의미 있는 무엇으로 삼는다.

셋째로, 인간은 그것을 끝없는 노력의 목표로 삼는다.

왜 세계는 인간에게 이런 세 가지 방식으로 나타나는 것일까. 이렇게 생각하면 간단히 알 수 있을 것 같다.

꽃이 핀 들판을 걸어간다고 하자. 꽃들은 내 눈을 통하여 그 색채를 내게 전한다. 그것은 내게 주어진 하나의 사실이다. 나는 그 화려한 색채를 즐긴다. 그럼으로써 그것은 나에게 어떤 의미를 가진다. 나는 감정을 통해 꽃들을 나의 존재와 연결시켰다.

일 년 후에 다시 그 들판을 지나간다고 하자. 거기에는 다른 꽃들이 피어 있다. 다시 한 번 기쁨의 감정이 솟구친다. 작년의 기쁨이 기억으로 떠오른다. 그 기쁨은 내 속에 존재하고 있고, 그것을 불러일으키는 대상은 이미 없다. 그러나 지금 내 눈앞에 있는 꽃들은 작년과 같은 종류다. 그것들은 작년과 같은 자연의 법칙에 따라 피어난다. 만일 내가 그 꽃의 종류와 법칙을 알고 있다면, 그것을 작년의 꽃들 속에서 발견했듯이 오늘의 꽃에서도 발견할 수 있을 것이다.

그러므로 나는 다음과 같은 생각을 할 수 있다.

일 년 전의 꽃들은 사라졌다. 그 꽃들을 보고 느낀 기쁨의 감정은 내 기억 속에만 남아 있고, 그 감정은 나와 관련되어 존재할 따름이다. 그러나 작년에 내가 꽃을 보고 인식한 것, 오늘 다시 인식한 것은 꽃들이 살아 있는 한 언제까지고 남아 있을 것이다. 그것은 내 앞에 드러나는 것이긴 하나 나의 감정과는 달리 내 존재에 의존하지 않는다. 내가 기뻐하는 감정은 내 속에 있다. 꽃들의 법칙과 본질은 내 밖에, 세계 속에 있다.

이처럼 인간은 늘 세 가지 방식으로 세계와 연결되어 있다. 일단은 아무런 해석도 하지 말고 이런 사실을 있는 그대로 받아들이기로 하자. 이것을 통하여 인간이란 본질적으로 세 가지 측면을 가지고 있다는 사실을 알게 되었다. 여기서는 일단 몸, 혼, 영의 세 가지 용어로 이 세 가지 측면을 암시하는 데 그치기로 하겠다. 이 세 가지 용어에 대해 어떤 선입견이나 가설을 가진다면, 앞으로 내가 할 말을 이해하기가 곤란해질 수 있다.

몸이란, 위에서 예를 든 들판의 꽃처럼 지나가는 사람에게 자신의 존재를 나타내는 바로 그것이다.

혼이란, 사람이 사물을 자기 자신과 관련시켜 마음에 들고 안 들고, 싫고 좋고, 기쁘고 슬프고를 느끼는 주체이다.

영이란, 괴테의 표현을 빌자면, 사물을 "신적 태도"로 볼 때 그에게 제시되는 것을 뜻한다.

그런 의미에서 인간은 몸, 혼, 영으로 구성되어 있다.

몸을 통하여 인간은 일시적으로 자신을 사물과 연결시킬 수 있다. 혼을 통하여 사물이 던져주는 인상을 받아들인다. 그리고 영을 통하여 사물 스스로가 말을 걸어온다. 이 세 가지 측면으로 보아야 비로소 인간의 본성이 해명될 수 있다. 왜냐하면 이 세 가지 측면은 인간이 세 가지 방식으로 세계와 같은 존재임을 말해 주기 때문이다.

몸의 인간은 외부 세계가 감각을 통하여 자신을 나타내는 사물과 같다. 물질적 소재가 몸을 구성한다. 외부 세계의 힘이 그 몸에 작용하고 있다. 그리고 인간은 외계의 사물을 감각으로 관찰하는 것과 같은 방식으로 자기 자신의 몸을 관찰할 수 있다.

그러나 그와 같은 방법으로 혼을 관찰할 수는 없다. 내 몸에서 일어나는 모든 일은 감각으로 지각할 수 있다. 내가 즐거워하는지, 싫어하는지, 괴로워하는지, 나는 물론이고 타인도 내 몸을 통하여 그것을 알 수 없다. 혼의 세계는 몸을 관찰하는 방식으로는 알 수 없다.

몸은 모든 사람의 눈에 드러나 있다. 혼은 자신의 세계로서 내면에 간직하고 있을 뿐이다. 그러나 영에 의해, 외부세계는 고차적인 방식으로 인간 앞에 모습을 드러낸다. 세계의 비밀은 인간의 내면에서 밝혀지지만, 영적 존재인 인간은 자신을 벗어나, 사물 자신이 스스로를 말하게 한다. 그 자신에게 의미 있는 것이 아니라, 사물 자신에게 의미 있는 것을 말하게 하는 것이다.

우리는 밤하늘의 별을 올려다 본다. 혼에서 일어나는 감동은 그 사람 자신의 것이다. 그러나 그가 영으로 파악하는 별들의 영원한 법칙은 그에게 속하는 것이 아니라 별들에게 속한다.

이렇게 인간은 세 가지 측면에서 세계의 시민이다. 그 몸을 통하여 인간은 몸이 지각하는 세계에 속하고, 그 혼을 통하여 그 자신의 세계를 만들어내고, 그 영을 통하여 이와는 전혀 다른 세계가 눈앞에 펼쳐진다.

이 세 가지 세계는 본질적으로 다르며, 이 세 가지 세계 및 거기에 대한 인간의 관계를 밝히려면, 세 가지 다른 방법에 따라야 한다.

1. 몸의 본성

우리는 감각으로 몸을 지각할 수 있다. 그것은 감각으로 다른 사물을 지각하는 것과 똑같다. 광물, 식물, 동물을 관찰하듯이 인간을 관찰할 수 있는 것이다.

왜냐하면 인간의 몸은 광물, 식물, 동물과 같은 방식으로 구성되어 있기 때문이다. 광물처럼 인간의 몸은 자연적 소재로 되어 있다. 식물처럼 인간은 자라고 번식한다. 동물처럼 인간은 대상을 지각하고, 그 인상을 바탕으로 자기 내면에 체험을 만들어낸다. 그러므로 인간 속에는 광물적, 식물적, 동물적 요소가 모두 들어 있다고 할 수 있다.

광물, 식물, 동물의 구조상 차이는 존재의 세 가지 형식에 상응한다. 그리고 그 구조와 형태가 감각적으로 지각할 수 있는 것이 바로 몸이다. 그러나 인간의 몸은 동물의 그것과는 다르다. 아무리 동물과 인간이 유사하다 하더라도 차이가 있다. 혼의 존재를 완전히 부정하는 극단적인 유물론자라 해도, 카루스가 《자연 인식과 영 인식을 위한 교육》 속에서 주장하는 다음과 같은 명제에 대해 동의하지 않을 수 없을 것이다.

"신경조직, 특히 뇌의 세밀하고 내적인 구조는 생리학자나 해부학자도 밝히기 힘든 수수께끼이다. 그러나 그 조직의 집중성, 통일성이 다른 어떤 동물도 달성하지 못한 수준에 이르렀음은 이미 확인된 사실이다. 이것은 인간의 영적 발전의 측면에서 볼 때 의미심장하다. 또한 이런 사실 자체가 인간의 영적 발전에 대한 충분한 설명이 되어 준다. 그 때문에 뇌의 구조가 발달하지 못하고, 극단적으로 두개골이 적거나 백치와 같은 사람은 발육이 부진한 성기를 가진 사람이 번식할 수 없는 것과 마찬가지로 독창적인 사고를 할 수 없다. 거기에 반해, 아름답고 힘차게 발달한 몸, 특히 두뇌의 구조는 그것만으로 천재라 할 수야 없겠지만, 고차적 인식을 위한 필요조건을 갖추었다 할 수 있을 것이다."

인간의 몸에는 존재의 세 가지 형식, 광물적, 식물적, 동물적 형식이 갖추어져 있고, 나아가 네 번째의 독자적인 인간형식이 덧붙여져 있다. 그 광물적인 형식으로 인간은 모든 가시적 존재와 같고, 그 식물적 형식으로 성장하고 번식하는 모든 생물과 같고, 그 동물적 형식으로 환경을 지각하고 외적 인상을 기반으로 내적 체험을 하는 모든 것과 같다. 그 인간적 형식으로, 인간은 몸의 차원에서 이미 그 독자적 세계를 형성하고 있다.

2. 혼의 본성

혼의 본성은 고유한 내면세계이며, 그런 점에서 몸의 본성과 구별된다. 이 고유한 세계는 단순한 감각적 지각에 주의를 기울이는 순간 나타난다. 우리는 다른 사람도 나 자신과 똑같은 방법으로 이러한 단순한 감각적 지각을 체험할 수 있는지 없는지 처음에는 알 수 없다. 색맹의 눈에는 모든 사물이 회색을 띠고 있다. 또는 특정한 부분의 색을 지각할 수 없다. 그 눈이 전하는 세계상은 정상적인 시력을 가진 사람의 세계상과 다르다. 다른 감각기관에 대해서도 똑같은 말이 가능하다.

이로서 아무리 단순한 감각적 지각도 내면세계에 속해 있다는 것을 알 수 있을 것이다. 나는 몸의 감각으로 타인도 지각할 터인 빨간 테이블을 지각할 수 있다. 그러나 내가 타인이 가지는 색채 감각을 지각할 수는 없다.

따라서 감각적 지각은 혼적 내용에 속한다 할 수 있다. 이러한 사실을 명확히 이해할 수 있다면, 내적 체험을 단순한 뇌의 작용 또는 그와 유사한 것으로 치부하지는 못할 것이다.

감각적 지각에 이어 감정이 더해진다. 어떤 지각체험은 좋은 기분을, 어떤 지각체험은 나쁜 기분을 가지게 한다. 그것은 혼의 내적 운동의 결과이다. 인간은 감정을 통하여 외부에서 그에게 작용해 오는 세계에 대해, 제2의 세계를 만들어낸다. 나아가 제3의 세계, 즉 의지가 여기에 더해진다. 의지에 의해 인간은 다시 외계에 작용한다. 그것으로 그는 자신의 내적 본질을 외부세계에 새겨 넣는다. 인간의 혼은 그 의지 행위를 통하여 밖으로 흘러나간다. 인간의 행위는 내면생활을 한다는 점에서 외적 자연의 일들과 구별된다. 이렇게 혼은 인간 고유의 세계로서 외계에 대치하고 있다. 인간은 외부로부터 다양한 자극을 받아들인다. 그러나 그는 이러한 자극에 응하여 하나의 고유한 세계를 형성한다. 몸의 본성은 혼적 존재의 기반이 되고 있다.

3. 영의 본성

혼은 몸으로 규정될 수 없다. 인간은 방향이나 목표도 없이 감각인상에서 감각인상으로 그냥 방황하는 것이 아니다. 그는 자신의 지각내용이나 행동에 대해 이런저런 생각을 한다. 지각내용을 생각함으로써 그는 사물을 인식한다. 자신의 행동에 대해 생각함으로써 그는 이성적으로 생활한다. 그리고 그는 인식이나 행동에서도 올바른 사상을 따를 때만 인간으로서 올바르게 자신에게 주어진 일을 다할 수 있음을 알고 있다.

그러므로 혼은 두 가지 필연성과 마주한다. 몸의 법칙들에 의해 필연적으로 규정되고, 동시에 그 자신을 올바른 사고로 이끄는 필연적인 법칙들에 따른다. 인간은 자연의 신진대사 법칙에 지배되는 한편, 스스로 자유롭게 사고하는 법칙에도 따르고 있는 것이다.

인간은 몸의 질서보다 고차적인 영적 질서에 속해 있다. 몸이 혼과 구별되듯이, 혼 또한 영과 구별된다. 몸 안에서 작용하고 있는 탄소, 수소, 질소, 산소 분자만을 주목하는 한, 혼은 보이지 않는다. 혼의 생활은 맛을 느끼거나 쾌감을 가져다주는 지각내용이 나타날 때 비로소 시작되는 것이다. 그와 마찬가지로 외부세계와 몸의 생활에서 나타나는 혼적 체험만을 보아서는 영을 발견할 수 없다. 몸이 혼의 기초라 한다면, 혼은 영의 기초이다.

자연을 연구하는 사람은 몸을, 혼을 연구하는 사람(심리학자)은 혼을, 그리고 영을 연구하는 사람은 영을 주제로 삼는다. 사고 작업을 통해 인간의 본질을 규명하려는 자는 스스로를 고찰하여 몸, 혼, 영을 명료하게 구분해야 한다. 그것이 그에게 주어진 과제이다.

4. 몸, 혼, 영

인간을 이해하기 위해서는 자신의 본성에 속하는 사고의 의미를 밝혀야 한다. 뇌는 사고하는 신체기관이다. 정상적인 눈을 가진 사람이 색채를 보듯이, 건강한 뇌를 가진 사람만이 올바르게 사고할 수 있다. 인간의 몸 전체는 영적 기관인 뇌에 의지하도록 형성되어 있다. 뇌의 구조는 기능과 관련시켜 고찰할 때 비로소 이해될 수 있다. 사고하는 영의 몸적 기초가 되는 것이 바로 그 기능이다. 동물세계와 비교 관찰해도 알 수 있다. 수륙양서류의 뇌는 척추에 비해 작다. 포유동물은 비교적 크다. 인간의 뇌는 몸 전체와의 비율로 볼 때 동물 가운데서 가장 크다.

사고에 대한 어떤 편견이 있다. 어떤 사람은 사고를 과소평가하고 "내적 감정생활", "감수성"을 보다 높이 평가하려 한다. "차가운 사고"가 아니라 감정의 열기, 싱싱하고 힘찬 감수성을 통하여 인간은 보다 높은 차원으로 오를 수 있다고 한다. 그렇게 말하는 사람들은 투철한 사고가 감정을 둔화시킬 것을 두려워한다. 유용한 사물에만 관계하려는 일상적인 사고로 볼 때, 그럴 수도 있다. 그러나 보다 높은 차원으로 이끄는 사고내용의 경우, 전혀 그와는 다르다. 열기, 아름다움, 고양감은 말할 것도 없고, 고차적 세계와 관련된 순수하고 수정처럼 맑은 사고내용이 불러 일으키는 기분과 비교할 수 있는 감정이나 감격은 존재하지 않는다. 최고의 감정은 "저절로" 일어나는 감정이 아니라, 정열적인 사고행위를 통하여 얻어진다.

몸은 사고에 알맞는 구조를 가지고 있다. 광물계에도 존재하는 소재와 힘은 몸 속에서 사고가 충분히 활동할 수 있도록 구성되고 결합되어 있다. 이러한 과제에 어울리게 형성된 광물적 구조가 바로 인간의 몸이다.

인간의 중심에 놓인 뇌를 향하여 조직되어 있는 이 광물적 구조는 번식을 통하여 생겨나고 성장하여 완전한 형태를 이룬다. 번식과 성장이란 동식물과 공유하는 부분이다. 번식, 성장을 통하여 살아 있는 것과 생명 없는 광물이 구별된다. 살아 있는 것은 씨앗으로 번식한다. 자손은 조상으로부터 나왔다. 광물을 만들어내는 힘은 그 광물을 구성하는 소재에 작용한다. 수정은 규소와 산소에 작용하는 힘에 의해 형성되며, 그 힘은 수정 속에서 통일된 힘으로 존재하고 있다. 참나무를 형성하는 힘은 좀 먼길을 돌아서, 씨앗을 통해 아버지 나무 속에서 찾아 볼 수 있다. 참나무의 생김새는 번식을 통해 조상에서 자손으로 이어져 내려온다. 여기에는 생명체의 본래적인 내적 조건들이 존재하고 있다.

옛날에는 물고기를 비롯한 하등동물은 진흙에서 발생한다는 자연관이 통용되었으나, 생명체의 형태는 유전에 의해 전해진다는 사실이 밝혀졌다. 어떤 생명체가 어떻게 자라는가는 어떤 조상에서 비롯하는지, 다시 말해 어느 종에 속하느냐에 따른다. 그것을 구성하는 소재는 끊임없이 바뀌지만, 종은 생명이 존재하는 한 존속하고 자손으로 유전된다. 그러므로 종이 소재의 결합을 결정한다고 할 수 있다. 그러한 종을 형성하는 힘을 생명력이라 한다. 광물의 힘이 결정 속에서 자기를 표현하듯이, 생명 형성력은 동식물의 종 또는 형태 속에서 자기를 표현한다.

우리는 광물의 힘을 몸의 감각으로 지각한다. 그리고 그런 감각을 가지고 있을 때만 지각할 수 있다. 눈 없이는 빛을 지각할 수 없고, 귀 없이는 소리를 들을 수 없다. 하등생물은 인간이 가진 감각

가운데 촉각만을 가지고 있다. 그런 생물들은 인간의 감각에 빗대어 말하면, 촉각으로 인식할 수 있는 광물의 힘만을 가지고 있다. 고등동물이 다른 감각들을 가지고 있기에 환경은 보다 풍성하고 다양해지는 것이다. 그러므로 외계에 존재하는 것이 생물에게 지각될 수 있는가 없는가는 그 생물의 감각기관에 달려 있다. 공기 속에서 이루어지는 운동은 인간에게 소리로 들린다.

인간은 보통의 감각으로는 생명력의 작용을 지각할 수 없다. 그는 식물의 색을 보고 향기를 맡는다. 생명력은 그렇게 관찰될 수 없다. 그러나 눈먼 자라고 해서 색채를 부정하지 않듯이, 보통의 감각으로 생명력을 부정할 수 없다. 눈을 가진 사람에게 색채는 분명히 존재하는 것이다. 그와 마찬가지로 동식물의 개체뿐만 아니라 생명력으로 만들어진 다양한 종 그 자체도, 인간이 그것을 지각할 수 있는 기관을 가진다면 엄연한 지각내용이 될 것이다.

그런 기관이 열리면 세계는 전혀 다른 모습으로 그 앞에 나타난다. 그는 생물의 색, 냄새 등을 지각할 뿐만 아니라, 생물의 생명 그 자체도 지각한다. 모든 동식물 가운데 물질 형태 이외에 생명으로 가득 찬 영적인 모습을 지각할 수 있다. 그런 영적인 모습을 에테르체, 또는 생명체라 표현하기로 한다.*

영적 생명을 연구하는 사람에게 이 문제는 다음과 같이 표현될 수 있다. 에테르체는 물질적인 소재나 힘이 산출하는 것이 아니라, 물질적 소재나 힘을 생명체로 바꾸는 독립적이며 현실적 본성이다.

영학적 관점으로 말하자면, 광물 결정체와 같은 물체는 무생물 속에 내재하는 물리적 형성력이 만들어낸 것이다. 그런 형성력은 살아 있는 몸 형태를 만들어낼 수 없다. 왜냐하면 생명이 떠나는 순간, 우리 몸의 형태는 무너져 버리므로. 생명체는 살아 있는 한 어떤 경우에도 분해되지 않고 몸의 형태를 유지한다.

존재 속에서 그 생명체를 지각하기 위해서는 각성된 "영의 눈"이

---

* 필자는 이 책을 집필한 후에도 얼마간 이 에테르체 또는 생명체를 〈형성력체〉라 하였다.(예를 들면 잡지 《왕국》 제1권 4호 1917년 1월에서) 이렇게 이름 붙인 것은 에테르체라는 말이 예전의 자연과학에서 말하는 "생명력"과 혼동을 일으킬 수 있다고 생각했기 때문이다. 나는 예전의 자연과학에서 말하는 생명력을 부정한다. 왜냐하면 그 자연과학은 이 힘을, 유기체 내의 비유기적 힘의 작용으로 설명하려 하기 때문이다. 똑같은 비유기적 힘이 유기체와 비유기체에 각기 다르게 작용한다는 것은 있을 수 없는 일이다. 비유기적 자연의 법칙은 유기체에 대해서건, 광물 결정체에서건 똑같이 적용되는 법칙이다. 그러나 유기체에는 유기적인 뭔가가 존재하며, 그것이 바로 생명 형성력이다. 이 생명의 근저에는 에테르체, 또는 형성력체가 존재한다. 이렇게 가정한다고 해서 자연과학적 사고를 부정하는 것은 아니다. 자연 연구자가 비유기적 자연의 힘이 작용하는 모습을 관찰하는 방법은 그대로 유기적 세계에도 적용될 수 있다. 그리고 이 힘의 작용이 유기체에서는 특수한 생명력을 통하여 변화된다는 사고방식을, 영학은 거부한다. 영학 연구자는 유기체에 무생물과는 다른 작용이 나타날 때에 한해서, 에테르체에 대해 이야기한다. 어쨌든 필자는 여기서 "에테르체"라는 표현을 "형성력체"로 바꿀 생각은 없다. 이 책의 내용과 개념들을 서로 연관시켜 이해하려고 노력하는 사람이라면 결코 오해하지 않을 것이기 때문이다. 오해는 이 책의 내용과 관계없는 곳에서 이런 표현들을 사용할 때만 일어날 수 있다.(이 문제에 관해서는 뒷부분의 '보충설명' 항목에서 다루었다.)

필요하다. 물론 논리적 근거만으로 생명체의 존재를 인정할 수 있다. 그러나 눈으로 색채를 보듯이, 그것을 보려면 "영의 눈"이 있어야 한다.

"에테르체"라는 표현에 저항감을 느끼는 사람도 있을 것이다. 여기서 말하는 "에테르"는 근대물리학에서 말하는 에테르와는 다르다. 오직 여기에 기술되는 의미로 받아들여주기 바란다.

인간의 몸 구조가 인간에게 주어진 사명의 본뜸이듯이, 인간의 에테르체의 구조도 그런 본뜸이다. 그것은 사고하는 영과의 관계에서 에테르체를 고찰할 때만 올바르게 이해될 수 있다. 인간의 에테르체는 사고하는 영에 대응한다는 점에서 동식물과 다르다.

인간은 몸을 통하여 광물계에 속하듯이, 에테르체를 통하여 생명계에 속한다. 죽으면 몸은 광물계로, 에테르체는 생명계로 흩어진다. "몸"이란 존재에 어떤 종류의 "형태", "모습"을 부여하는 것을 말한다. "몸"을 물체와 혼동해서는 안 된다. 여기서 말하는 몸은 혼이나 영으로 형성되는 것에도 적용된다.

생명체는 인간에게 외적인 것이다. 감각이 무엇을 느낌과 동시에, 내적인 것이 외적인 자극에 반응한다. 그러나 아무리 애를 써도 감각과 외계는 만날 수 없다.

빛이 눈에 들어가서 망막에 이르면 화학반응을 일으킨다. 그 자극은 신경을 통해 뇌에 이르고 거기서 다시 물리적 과정이 일어난다. 만일 우리가 그 과정을 관찰할 수 있다면, 그것이 외계에서 일어나는 것과 똑같은 과정임을 알 수 있을 것이다.

만일 내가 에테르체를 관찰할 수 있다면, 뇌의 그러한 물리적 활동이 생명 작용임을 지각할 것이다. 그러나 빛을 받아들이는 사람의 청색에 대한 지각은 결코 그런 방법으로는 발견할 수 없다. 그것은 그 사람의 혼 안에서 일어나는 것이므로. 만일 빛을 받아들이는 존재가 육체, 에테르체만 가지고 있다면 그런 지각은 존재하지 않을 것이다. 그런 지각 작용은 생명 형성력과 전혀 다르다. 내적 체험을 가져다주는 그 작용은 생명형성 작용에서 이끌어져 나오는 것이다. 만일 이런 내적 작용이 없다면, 식물에서 볼 수 있듯이, 단순한 생명 과정만이 남게 될 것이다.

모든 방향에서 인상을 받아들이는 사람을 상상해 보자. 그는 모든 방향에서 주어지는 인상을 만들어내는 주체이다. 사방에서 다가오는 자극에 감각이 반응한다. 이런 활동을 가능하게 하는 것을 감각혼이라 한다. 감각혼은 몸과 마찬가지로 현실적이다. 내 앞에 있는 사람을 몸의 존재로만 생각하고 감각혼을 인정하지 않는 것은 마치 유채화를 캔버스라 생각하는 것과 같다.

감각혼의 지각에 대해서도 앞에서 말한 에테르체와 똑같은 말이 가능하다. 몸의 감각기관으로는 감각혼을 볼 수 없다. 생명을 생명으로 지각할 수 있는 기관도 그것을 볼 수 없다. 그러나 이 기관으로 에테르체를 볼 수 있듯이, 보다 고차적 기관으로 감각의 내적 세계도 특수한 초감각적 지각 내용이 될 수 있다. 그때 우리는 물질계와 생명계의 인상들을 알 수 있을 뿐만 아니라, 감각 체험 그 자체도 볼 수 있다. 이러한 감각기관을 가진 사람에게 다른 사람의 감각세계는 외적 현실처럼 눈앞에 펼쳐진다.

자신의 내면에서 감각세계를 체험하는 것과 다른 사람의 감각체험을 보는 것은 다르다. 자신의 감각체험을 보는 것은 당연하다. 그러나 다른 사람의 감각세계는 "영의 눈"이 열린 사람만이 볼 수 있다. "영의 눈"이 열리지 않은 사람은 자신의 내면에 속한 감각세계만을 알 수 있다. "영의 눈"이 열린 사람은 다른 사람의 내면이 마치 외적 현상처럼, 영적 풍경으로 눈앞에 선명히 펼쳐진다.

영의 눈이 열린 사람은 다른 사람의 감각세계가 경험하는 내용을 똑같이 체험하는 것이 아니다. 다른 사람의 감각 체험을 그 자신의 내적 관점으로 바라본다. 눈이 열린 자는 감각세계가 표현하고자 하는 바를 지각한다.

감각혼의 그런 작용은 에테르체에 의존하고 있다. 왜냐하면 감각혼은 자신의 감각내용을 에테르체에서 이끌어내기 때문이다. 그리고 에테르체는 몸 안의 생명이므로, 감각혼은 몸에도 의존하고 있는 셈이다. 눈이 건강해야 올바르게 색채를 느낄 수 있다. 이처럼 몸은 감각혼과 깊은 관련을 가진다. 그러므로 감각혼의 작용은 몸에 의해 규정되고, 한정된다고 할 수 있다. 그것은 몸의 본성이 원하는 범위 안에서 살아간다.

때문에 몸은 광물의 소재로 만들어져 에테르체에 의해 생명이 되고, 그리고 감각혼에 대해 범위를 설정해 준다. 앞에서 말한 고차의 기관을 가진 사람은 감각혼이 몸에 의해 규정된다는 것을 알고 있다.

그러나 감각혼의 경계는 몸의 경계와 겹치지 않는다. 감각혼은 몸을 넘어선다. 몸보다 그 작용 범위가 넓다. 그러나 그 감각혼에 경계를 설정하는 힘은 몸에서 비롯한다. 그러므로, 한편으로는 몸과 에테르체, 다른 한편으로는 몸과 감각혼 사이에 인간 본성의 특별한 부분이 작용하고 있다고 보아야 한다. 그것이 바로 혼체, 또는 감각체이다. 다시 말해 에테르체의 일부는 다른 부분보다 더 미묘하다. 그리고 그 미묘한 에테르체 부분은 감각혼과 하나가 되어 있고, 한편 그보다 더 거친 부분은 몸과 하나가 되어 있다. 그렇지만 앞에서 말했듯이, 감각혼은 혼체를 꿰뚫고 우뚝 서 있다.

여기서 감각이라 부르는 것은 혼의 본질의 한 부분에 지나지 않는다.(감각혼은 간단하게 표현하려고 선택한 말이다.) 감각에는 기분 좋음과 기분 나쁨, 충동, 욕정이 결합되어 있다. 이 모든 것은 감각과 같은 특징을 가지고 있고, 몸의 본성에 의존하고 있다.

감각혼은 몸, 그리고 사고(영)와 상호 작용한다. 먼저 사고가 감각혼에 봉사한다. 인간은 자신의 감각내용에 대해 이런저런 생각을 하고 그것을 통해 외부세계를 이해한다. 화상을 입은 아이는 "불은

뜨겁다" 라는 생각을 가지게 된다. 인간은 자신의 충동, 본능, 욕정에 맹목적으로 따르지만은 않는다. 우리는 그것을 만족시킬 수 있는 적절한 기회를 만들어낸다. 물질문명이란 이런 방향으로 움직여 왔다. 그것은 사고가 감각혼을 위해 열심히 봉사하는 활동이다. 거대한 사고의 힘이 이 목표를 향하고 있다. 배, 철도, 전신, 전화도 사고의 힘에 의해 만들어진 것이다. 그리고 그 모든 것은 감각혼의 욕구를 충족시킨다. 생명 형성력이 몸에 침투하는 것과 비슷한 방식으로, 사고의 힘은 감각혼에 깃들어 있다. 생명 형성력은 몸에 의해 조상에서 자손으로 이어지고, 그것으로 인하여 단순한 광물적 존재가 가질 수 없는 법칙성을 몸에 부여한다. 그와 마찬가지로 사고의 힘은 혼에, 단순한 감각혼만으로는 불가능한 법칙성을 부여한다.

감각혼의 작용에서 인간은 동물과 같은 종에 속한다. 동물도 감각, 충동, 본능, 욕정을 가지고 있다. 그러나 동물은 거기에 종속되어 있을 뿐, 직접적 체험을 넘어 선 독립된 사고내용과 그것을 연결시킬 수 없다. 미개인도 어느 정도는 그렇다. 그러므로 감각혼은 고도의 사고를 하는 고차적 혼과 다르다. 사고 능력을 가진 보다 고차의 혼을 오성혼이라 한다.

오성혼은 감각혼에 침투되어 있다. 혼을 볼 수 있는 기관을 가진 사람은 오성혼 속에서 단순한 감각혼과는 다른 특성을 본다.

인간은 사고를 통하여 개인의 영역을 벗어난다. 그는 자신의 혼을 넘어 선 뭔가를 손에 넣는다. 사고의 법칙이 우주 질서와 일치한다는 것은 그에게는 의심할 수 없는 사실이다. 바로 그 때문에 자신을 우주의 주민으로 생각하는 것이다. 그 일치에 의해 인간은 자신의 본성이 무엇인지를 배울 수 있다. 인간은 자신의 혼 내부에 진리를 구하며, 그 진리를 통하여 혼과 사물에 대해 이야기한다.

사고를 통해 진리로 인정되는 것은 단순히 자신의 혼뿐만 아니라 세계의 사물과도 관련된 하나의 독립된 의미를 가진다. 별을 보고 감동을 느끼는 것은 나에 속하는 일이다. 그러나 별의 운행법칙을 파악한 나의 사고는 다른 사람에게도 통용된다. 그것은 객관적이다. 만일 내가 이 세상에 없다면 나의 감동을 이야기한다는 것은 무의미하다. 그러나 나를 벗어난 사고내용에 대해 이야기하는 것은 의미가 있다. 왜냐하면 내가 생각한 진리내용은 오늘이 지나고 내일이 와도 진리일 테니까. 내가 어떤 것을 알고 기쁨을 느꼈다면 그 기쁨은 내 속에서 살아 있을 동안 의미가 있다. 그러나 앎의 내용은 그 기쁨과 전혀 관계없이 어떤 의미를 가진다. 그런 진리를 파악할 때, 인간의 혼은 가치 있는 뭔가에 자신을 결합시킨다. 그리고 그 가치는 감각과 함께 사라지지 않는다. 그 가치는 감각과 함께 생겨난 것이 아니다. 진리는 태어나지도 않고 사라지지도 않는다. 그것은 절대로 파괴되지 않는 의미를 가진다.

세상의 여러 가지 "진리"가 한때는 가치를 가지다가, 시간이 지나면서 부분적으로 또는 전적으로 오류였음이 판명된다 해도, 이런 사실과 모순되지 않는다.

왜냐하면 설령 인간의 사고란 것이 영원한 진리가 순간적으로 나타난 한 현상에 지나지 않는다 해도, 진리는 자기 자신 속에 그 근거를 가지고 있기 때문이다. 레싱처럼, 완전하고 순수한 진리는 신만이 가지므로 자신은 영원히 노력하는 데 만족한다고 말하는 사람도, 진리의 영원한 가치를 부정하는 것이 아니라, 오히려 그 가치를 확인하고 있다. 영원의 의미를 자신 속에 간직하고 있는 자만이 영원히 노력할 생각을 할 수 있으므로. 만일 진리가 독립된 것이 아니라, 인간의 감각에 의존하고 있다면 진리는 모든 인간의 유일한 목표가 될 수 없다. 우리가 진리를 향하여 노력하는 행위 자체가 진리의 독립된 본성을 증명해 주고 있다.

진리와 마찬가지로 선도 그렇다. 선이 욕정이나 어떤 성향에 지배되지 않고 오히려 그들을 지배하는 한, 독립되어 있다고 할 수 있다. 마음에 들고 안 들고, 바라고, 미워하는 것은 개인의 혼에 속한다.

그러나 인간의 의무는 그것을 넘어 선 곳에 있다. 인간의 의무는 그것을 달성하기 위해 목숨을 버릴 정도로 깊은 의미를 가진다. 그리고 인간은 자신의 성향이나 기호를 교화하여, 강제와 굴종에 의해서가 아니라 자발적인 인식이 제시하는 의무에 따르면 따를수록 높은 단계에 이르렀다 할 수 있다. 선은 진리처럼 영원한 가치를 스스로 간직하고 있다. 결코 감각혼을 통해 얻어진 것이 아니다.

자신의 내면에서 이런 독립된 진리와 선을 발견하면 감각혼을 넘어 설 수 있다. 영원한 영의 빛이 감각혼을 비춘다. 결코 사라지지 않는 빛이 일어난다. 혼이 이 빛 속에 살아가면 영원의 존재를 간직하는 것과 같다. 혼은 자신을 이 영원한 존재에 결합시킨다. 혼이 간직하는 진리와 선은 혼 속에서 결코 죽지 않는다.

혼 속에서 영원히 빛을 발하는 그것을 의식혼이라 부르기로 하자.

차원 낮은 혼도 의식에 대해 이야기할 수 있다. 어떤 일상적 감각도 의식에 속한다. 동물에게도 의식은 있다. 여기서 말하는 의식혼은 인간의식의 핵심, 혼 속의 혼이다. 의식혼은 오성혼과 구별된다. 오성혼은 감각, 충동, 격정에 휩쓸린다. 인간은 누구 할 것 없이 처음에는 감각으로 느낀 것을 진리라고 믿는다. 그러나 그런 감각 속에 포함된 싫고 좋고 하는 모든 것을 제거한 것만이 영원한 진리이다. 진리는 설령 모든 개인적 감정이 반발할 때도 진리다. 이 진리가 살아가는 혼의 부분을 의식혼이라 한다.

이렇게 몸과 마찬가지로 혼에도 세 가지 부분이 있다. 감각혼, 오성혼, 의식혼. 그리고 아래에서는 몸의 본성이 혼을 묶어두려 하고, 위에서는 영성이 혼을 확대시키려 한다. 왜냐하면 혼이 진리와 선으로 가득 차면 찰수록 영원한 것이 그 속에서 더욱 커지고 세력을 넓혀가기 때문이다.

혼을 볼 수 있는 능력을 가진 사람의 눈에 비치는, 영원한 것을 확대시켜가는 인간으로부터 비쳐 나오는 빛은, 우리의 눈이 불꽃을 보는 것과 마찬가지로 현실적이다. 견자에게 몸이란 인간의 일부분에 지나지 않는다. 몸은 인간의 모든 부분 가운데서도 가장 거칠고 조잡하다.

몸을 생명형태로 만든 것은 에테르체이다. 이 에테르체를 넘어 혼체(아스트랄체)가 퍼져 나간다. 그 혼체를 넘어서 감각혼이 펼쳐지고, 그 위에 오성혼이 퍼져 있다. 오성혼은 진리와 선을 받아들이면 들일수록 커진다. 진리와 선은 오성혼을 키우는 힘이기 때문이다. 마음에 드느냐 안 드느냐에 따라 살아가는 인간의 오성혼은 감각혼과 경계가 일치한다. 몸 주변에 구름 같은 구성체를 아우라라 한다. 여기서 말하는 방식으로 아우라를 관찰하면 인간의 본성이 얼마나 풍성한지 알 수 있다.

어린아이는 성장하면서 처음으로 자신을 독립된 존재로 생각할 때가 있다. 감수성 풍부한 아이에게는 아주 소중한 체험이다. 시인 장 폴은 그의 자서전에서 이렇게 말하고 있다.

"아직 아무에게도 이야기하지 않았지만, 난 자의식이 발생하던 그 순간을 결코 잊을 수 없다. 그 시간과 장소도 뚜렷이 기억한다. 어느 날 아침, 어린 나는 현관 문 앞에 서서 장작더미를 바라보고 있었다. 그때 불현듯 나는 "나"다라는 의식이, 마치 번개처럼 하늘에서 떨어져 내렸다. 그 이후로 그 빛은 결코 사라지지 않았다. 바로 그 순간, 나는 처음으로, 그리고 영원히 사라지지 않는 나 자신을 보았던 것이다. 이것은 결코 기억의 착각이 아니다. 왜냐하면, 인간 존재의 가장 성스러운 부분에 내려 와, 나를 둘러싼 풍경을 영원히 잊지 못하게 하는 그런 체험을 아무도 이야기해 준 사람이 없으므로."

어린아이는 자기 자신에게 이런 식으로 말한다.

"철수는 착한 아이야."

"영희는 이걸 갖고 싶어 해."

아이는 자신의 독립된 본성을 아직 자각하지 못하며, 아직 자의식이 없으므로 자신을 마치 다른 사람처럼 부르기도 한다. 인간은 자의식을 통하여 자신을 모든 다른 것과 구별하며, 자신을 "나"라고 생각한다. 우리는 몸과 혼으로 체험하는 모든 것을 "나" 속에 통합한다. 몸과 혼과 함께 내가 있고, 몸과 혼 속에서 "나"는 활동한다. 몸의 중심이 뇌이듯이 혼의 중심은 "나"이다.

외부세계는 인간의 감각을 자극한다. 감정은 외부세계의 작용이 있었을 때, 거기에 따라 일어난다.

의지는 자신을 외부세계와 관련짓는다. 의지란 외적 행동을 통해 나를 표현하므로.

"나"는 눈에 보이지 않는 인간의 본성이다. 그 때문에 장 폴은 그런 "나"의 발견을, 인간의 가장 성스러운 부분에 번개처럼 내려오는 체험이라 하였다.

"나"는 혼자다. 그리고 "나"는 인간 그 자체다. 이것이 "나"가 인간의 진정한 본성임을 증명한다. 그러므로 인간은 몸과 혼을 "나"가 살아가는 외피이며, "나"가 활동하기 위한 조건이라 생각할 수 있다. 우리는 그 외피를 "나"를 위해 사용하는 방법을 배운다.

"나"라는 말은 세상의 모든 말과 다르다. 이 말뜻을 잘 생각하면 인간을 깊이 이해하는 길이 열릴 것이다. 다른 모든 말은 같은 방식으로 사용할 수 있다. 모든 책상은 책상이고, 모든 의자는 의자다. 그러나 "나"는 그렇지 않다. 아무도 "나"를 다른 사람에게 사용할 수 없다. 자기 자신에 대해서만 "나"라 할 수 있다. 나에 대한 "나"라는 말은 다른 사람의 입으로 들을 수 없다. 단지 내면에서, "나"라는 말을 들을 수 있을 따름이다. 그래서 "나"라고 할 때, 외피를 비롯하여 세계의 모든 것들과 아무 관계도 없는 뭔가가 말을 하기 시작하는 것이다. 이 "나"를 몸과 혼의 지배자로 만들지 않으면 안 된다.

이것은 아우라 속에 표현된다. "나"가 몸과 혼의 지배자가 될수록 아우라는 더욱 분화되고 다양화되고 다채로워진다. 견자는 아우라에서 "나"의 작용을 볼 수 있다. 그러나 "나" 그 자체는 볼 수 없다. "나"는 "인간 존재의 가장 성스러운 부분"에 존재하고 있다.

"나"는 영원한 빛을 자신 속에 받아들인다. "나"는 몸과 혼의 체험을 통합하고, 진리와 선에 관련된 사고를 "나" 속에 부어넣는다. 한 쪽에서는 감각이, 다른 한 쪽에서는 영이 "나"에게 자신을 드러낸다. 몸과 혼은 "나"에게 봉사하고, "나"에게 의지하지만, "나"는 자신의 목적을 이루기 위해 영에게 자신을 내맡긴다. "나"는 몸과 혼 속에서 살아가고, 영은 "나" 속에서 살아간다. 그리고 "나" 속의 영은 영원하다. 그것을 통하여 "나"는 자신과 관련된 모든 것의 본질과 의미를 알게 된다. "나"는 몸 속에서는 광물의 법칙에, 에테르체를 통하여 번식과 성장의 법칙에, 감각혼, 오성혼을 통하여 혼계의 법칙에 따른다. 그리고 영적 존재를 "나" 속에 받아들임으로써 영의 법칙에 따른다. 광물의 법칙, 생명의 법칙을 형성하는 것은 생겨났다 사라진다. 그러나 영은 생성되거나 멸하는 것이 아니다.

"나"는 혼 속에 살고 있다. "나"의 가장 고차적 표현이 의식혼이다. 그러나 다음과 같이 표현하는 것이 더 적절할 것 같다. "나"는 의식혼에서 빛을 발하여 혼 전체를 가득 채우고, 혼을 통하여 몸에 작용한다고.

"나" 속에는 영이 살고 있다. 영은 "나"를 밝히며, "나"라는 옷을 입고 살고 있다. "나"가 몸과 혼을 옷 삼아 그 속에 살듯이. 영은 안에서 바깥으로, 광물계는 밖에서 안으로 "나"를 떠받치고 있다. "나" 속에서 살아가는 영은 "나", 자아, 또는 자기 자신으로 나타나므로 "영적 자아〔靈我〕"라 할 수 있다.

영적 자아와 의식혼은 다음과 같은 방식으로 구별된다. 의식혼은 모든 공감과 반감에서 독립된 자기 자신에 의해 존재하는 진리에 관계한다. "영적 자아" 또한 그 진리를 끌어안고 있으며, "나"에 의해 발견되어 "나" 속에 내장되며, "나"에 의해 개체화되고, 독립된 본성이 된다. 영원한 진리는 이렇게 독립하여 "나"와 결합한 하나의 본성이 된다. 그것을 통하여 "나"는 "영적 자아"가 되어 영원성을 얻게 되는 것이다.

"영적 자아"는 "나" 속에서 영계를 표현한다. 그것은 마치 "나"의 감각적 지각이 물질 세계를 표현하는 것과 같다. 빨강, 녹색, 밝고, 어둡고, 강하고, 부드럽고, 따스하고 차가움으로 물질세계는 표현된다. 그와 같은 방식으로, 선하고 진실된 것 속에서 영적 세계의 표현을 찾아 볼 수 있다. 물질세계의 표현이 감각이라면, 영계의 표현은 직관이다. 우리는 사고 내용을 손으로 만지거나 눈으로 볼 수 없다. 그러므로 어떤 단순한 생각 속에도 직관이 들어 있다. 우리는 그것을 "나"와 결합한 영을 통하여 파악해야 한다.

같은 식물을 앞에 두고도, 성숙한 인간과 미성숙한 인간은 전혀 다른 직관을 가진다. 그러나 두 사람의 감각적인 지각은 같다. 두 사람의 차이는, 그 식물에 대해 한 쪽이 더 완벽한 사고 내용을 가질 수 있다는 것이다. 만일 감각으로만 대상을 파악한다면, 영적 진화는 불가능할 것이다. 미개인도 자연을 지각하지만 자연의 법칙은 문명화된 인간의 직관 속에서 형성되는 사고로 나타난다. 어린아이는 외부 자극을 받아 행동한다. 그러나 도덕적 선은 어린아이가 성장하여 영적 생활을 배우고 그 표현을 이해하게 되었을 때 비로소 나타난다.

눈이 없으면 색깔을 볼 수 없듯이, "영적 자아"의 고차적 사고 없이는 직관은 일어나지 않는다. 감각이 형형색색의 식물을 만들어낼 수 없듯이, 직관 또한 영적 실체를 만들어낼 수 없다. 직관은 단순히 정보를 줄 수 있을 따름이다.

자아는 직관을 통하여 영계에서 전해 오는 정보를, 감각을 통해 물질세계의 정보를 혼의 생활 속에 끌어들인다. 이렇게 하여 우리는 영계와 물질 세계를 자기 고유의 혼적 생활로 만들어 가는 것이다. 혼, 또는 그 속에서 빛나는 "나"는 영적 차원과 물질 차원이라는 두 방향으로 문을 열어 두고 있는 것이다.

물질계에서 정보를 얻기 위해서는 물질적 소재와 힘, 그리고 물질계에서 정보를 받아들일 수 있는 기관을 가지고 있어야 한다. 그와 마찬가지로 영계 또한 영적 소재와 힘을 가져야 인식할 수 있다. "나"가 그 속에서 살아가는 영적 육체를 가지고 있어야만 직관을 통하여 영계를 인식할 수 있는 것이다. (물론 여기서 말하는 영적 소재니 영적 육체니 하는 말은 모순이다. 다만, 물질 소재, 인간의 몸에 대응하는 영적인 것을 강조하기 위해 방편으로 사용하였다.)

개개인의 몸이 각기 다른 특성을 가지고 있듯이, 영계 속의 영적 육체는 각각 다르다. 물질계와 마찬가지로 영계에도 안팎이 있다. 우리 몸이 외부에서 영양분을 섭취하듯이, 영적 자아도 영적 자양분을 섭취하여 자신의 것으로 만든다. 영적인 것은 인간의 영원한 자양분이다. 인간은 물질계에서 태어나지만 진실과 선이라는 영원의 법칙을 통해 영적 인간으로도 태어난다. 인간은 독립된 존재로서 물질계와 분리되어 있듯이, 영계와도 분리되어 있다. 이렇게 독립된 영적 존재를 "영 인간"이라 한다.

우리의 몸에는 물질계의 소재와 힘이 작용하고 있다. 그와 마찬가지로 영 인간에게도 영계의 소재와 힘이 작용하고 있다. 인간은 피부로 물질계를 지각한다. 그처럼 영 인간도 피부로 둘러싸여 영계에서 독립된 개체로 살아간다. 그리고 직관으로 영계를 지각한다. 이러한 영적 외피를 "영적 피부" 또는 "아우라의 외피"라 한다. 이 "영적 피부"는 인간의 진화와 함께 끝없이 확장되며, 거기에 따라 인간의 영적 개성도 무한히 확장된다.

"영 인간"은 이 영적 피부 속에서 살아간다. 그것은 마치 우리의 몸이 생명의 힘으로 구성되어 있듯이, 영적 생명의 힘으로 구성되어 있다. 에테르체와 비슷한 방식으로 에테르령이 영 인간에게 작용하고 있다. 에테르령은 생명령이라 부를 수도 있다. 따라서 인간의 영적 본성은 세 가지 부분으로 구성된다. 영 인간, 생명령, 영적 자아.

영계를 볼 수 있는 자에게, 이러한 영적 본성은 보다 고차적인 영적 아우라로서 지각할 수 있는 현실이다. 견자는 영적 피부에 감싸인 생명령으로 나타나는 영 인간을 볼 수 있고, 그것이 영계에서 자양분을 받아들여 끝없이 성장하는 모습도 볼 수 있다. 그리고 자양분을 섭취하여 영적 피부가 확장되고, 영 인간이 점점 커지는 것을 볼 수 있다. 공간적으로 확대되므로, 물론 그것은 현실의 상이다. 그러나 이런 사실은 혼이 영적 현실과 대응하고 있음을 말해 준다. 인간의 육체적 본성은 한정되어 있지만, 영적 본성은 무한히 성장할 수 있는 것이다.

영적 자양분은 영원한 가치를 가지고 있다. 인간의 아우라는 서로에게 침투되는 두 가지 다른 부분으로 구성되어 있다. 한 쪽의 형태와 색깔은 육체적 존재에 의해, 다른 쪽은 영적 존재에 의해 구성되어 있다. 자아는 이 둘 사이에 서 있다. 물질 요소는 물질의 원리에 따라 그 속에서 혼이 살아 갈 수 있게 육체를 구성한다. 또한 "나"가 영에 순종하여, 혼이 영계에서 목표를 설정할 수 있게 한다. 혼은 몸을 통해서 물질계 속에서 살아 갈 수 있다. 그리고 영 인간에 의해 영계에서 활동할 수 있는 날개를 달게 된다.

전인(全人)이 무엇인지를 이해하고 싶다면, 위에서 말한 모든 것을 갖춘 사람을 생각하면 될 것이다. 몸은 물질 요소로 구성되어 사고하는 자아의 요구를 받아들일 수 있게 되어 있다. 거기에 생명력이 깃들어 에테르체 또는 생명체가 형성된다. 몸은 감각기관으로서 외부를 향해 자신을 열어 두고, 그렇게 함으로써 혼체가 된다. 이 혼체에는 감각혼이 깃들어 한 덩어리가 되어 있다. 감각혼은 외부의 자극을 감각적으로 받아들이는 작용에 그치지 않는다. 한편으로는 감각을 통해, 다른 한편으로는 사고를 통해 성숙하여, 오성혼이 된다. 감각혼이 오성혼으로 성숙될 수 있는 것은 위로는 직관을 향하여, 아래로는 감각을 향하여 자신을 열어 두기 때문이다. 이렇게 하여 혼은 의식혼으로 성숙된다. 이것은 몸이 혼을 위해 감각기관을 만들어낸 것처럼, 영계가 혼을 위해 직관 기관을 만들어내기 때문에 가능한 일이다. 혼체를 통하여 감각이, 직관 기관을 통하여 영의 작용이 혼에 전달된다. 이렇게 하여 영 인간은 마치 몸이 혼체 속에서 감각혼과 하나가 되듯이, 의식혼과 결합된다. 의식혼과 영적 자아는 하나다. 그 하나됨 속에서 영 인간은 생명령으로 살아간다. 그것은 마치 에테르체가 혼체를 위해 몸의 생명력을 형성하는 것과 같다. 그리고 몸이 피부에 감싸여 있듯이, 영 인간은 영적 외피에 감싸여 있다.

이렇게 볼 때 전인은 다음과 같은 요소로 구성되어 있다고 할 수 있다.

몸
에테르체 또는 생명체
혼체
감각혼
오성혼
의식혼
영적 자아
생명령
영 인간

혼체와 감각혼은 지상을 살아가는 인간 속에서 하나가 되어 있다. 의식혼과 영적 자아는 하나이다. 따라서 인간은 일곱 가지 부분으로 구성된다.

1. 몸
2. 에테르체 또는 생명체
3. 감각을 가진 혼체
4. 오성혼
5. 영으로 충만한 의식혼
6. 생명령
7. 영 인간

혼 속에서 "나"는 빛을 발하고 영의 작용을 받아들여 영 인간의 매개체가 된다. 이렇게 하여 인간은 물질, 혼, 영이라는 세 가지 세계를 살아간다. 인간은 몸, 에테르체, 혼체를 통하여 물질세계에 뿌리를 내리고, 영적 자아, 생명령, 영 인간을 통하여 영계에서 꽃을 피운다. 그러나 뿌리를 내리고 꽃을 피우는 나무 둥치는 어디까지나 혼이다.

인간을 이와 같은 원리에 입각하여 보다 간결하게 설명할 수도 있다. 비록 "나"는 의식혼 속에서 빛을 발하지만, 그 빛은 혼 전체를 관통하고 있다. 혼은 몸의 구성 요소처럼 명확히 구별되지 않는다. 서로가 서로에게 침투되어 있다. 오성혼과 의식혼이 "나"에 속하고, 그것이 "나"라는 핵을 둘러싼 표피라 할 때, 우리는 인간을 몸, 생명체, 아스트랄체, 그리고 "나"로 구분할 수 있다. 아스트랄체란 혼체와 감각혼을 통합하는 말이다. 아스트랄체라는 말은 옛 문헌에서도 찾아 볼 수 있는데, 여기서는 감각으로 지각할 수 없는 것에 두루 두루 적용되는 의미로 사용하고 있다. 감각혼은 어떤 면에서 "나"에 의해 힘을 가지게 되지만, 혼체와 밀접한 관련을 가지므로 아스트랄체라는 하나의 말로 표현할 수 있는 것이다. "나"가 영적 자아로 충만해지면, 혼 속에서 변화한 아스트랄체의 형상으로 나타난다. 아스트랄체 속에는 그 자신이 느끼는 인간의 충동, 욕망, 정욕이 활동하고 있다. 또한 감각적 지각도 활동하고 있다. 감각적 지각은 외부에서 주어지는 요소로서 혼체를 통해 나타난다. 충동, 욕망, 정욕 등은 영적 자아에 따르지 않는 감각혼의 영역에서 일어난다. "나"가 영적 자아로 충만할 때, 혼이 아스트랄체를 영적 자아로 가득 채울 때, 충동, 욕망, 정욕은 "나"가 영으로부터 받아들인 것을 통하여 밝게 드러난다. "나"는 그렇게 영적 세계에 관여함으로써 충동과 욕망의 지배자가 된다. "나"가 얼마나 지배력을 가지는가는 아스트랄체 속에 나타나는 영적 자아를 보면 알 수 있다. 아스트랄체는 그 영적 자아에 의해 변화하기 때문이다. 아스트랄체는 변화한 부분과 변화하지 않은 부분으로 나뉘어진다. 그러므로 인간에게 나타나는 영적 자아는 변화한 아스트랄체라 할 수 있다.

"나" 속에 생명령을 받아들일 때도 똑같은 일이 일어난다. 생명령을 받아들이면 생명체가 변화한다. 생명령을 받아들이면 생명체는 이미 과거와는 다르다. 그러므로 생명령이란 변화한 생명체라 할 수 있다. "나"가 영적 인간을 받아들이면, 몸은 거기에 맞게 강한 힘을 얻는다. 물론 이렇게 변화한 몸은 감각적으로 관찰할 수 없다. 왜냐하면 영적 인간으로 인하여 몸 그 자체가 영적으로 변화하였으므로. 몸은 물질적 방법으로 자신을 드러낸다. 그와 마찬가지로 영적으로 변화한 몸은 영적인 방법으로 자신을 드러낸다. 비록 영적인 변화를 겪었다 하더라도 몸은 어디까지나 외적 감각으로 지각할 수 있는 존재로 나타날 따름이다.

이와 같은 사실을 바탕으로 인간의 구성 요소를 다음과 같이 정리할 수 있을 것이다.

몸

생명체

아스트랄체

나 — 혼의 핵심

영적 자아 — 변화한 아스트랄체

생명령 — 변화한 생명체

변화한 몸 — 영 인간

영의 재생과 운명

혼은 몸과 영 사이에 살아간다. 혼이 몸으로 느끼는 것은 일시적이며, 몸이 외부세계로 감각을 열어 둘 때에 한해서 지속될 뿐이다. 내 눈앞에 장미가 놓여 있고, 또 눈이 장미를 향해 열려 있을 때, 그 색깔을 지각할 수 있다. 인상, 감각, 지각은 외부 세계와 그것을 감지하는 몸의 기관이 있어야 한다. 그러나 영이 인식한 진리는 지금 눈앞에 있는 이 장미에만 적용되는 것이 아니며, 내 마음대로 변화시킬 수 있는 것도 아니다. 설령 내가 한번도 장미를 본 적이 없다 해도 진리임에는 변함이 없다. 이러한 영의 인식은 몸과는 상관없는 요소가 혼 속에 존재하고 있고, 그것이 우주 내용과 혼을 연결시켜 주기 때문에 가능하다. 여기서 문제삼고 있는 것은 의식에 나타나는 우주 내용이 불변하는 것이냐 아니냐가 아니다. 중요한 것은 혼에 나타나는 이것이 항상 변화하는 몸적 요소와는 아무런 상관이 없다는 점이다. 혼 속의 이러한 지속적인 부분은 무상한 요소에 제약되지 않는 혼적 체험이 있다는 사실을 인정하는 순간부터 관찰 대상이 될 수 있다. 그리고 보다 중요한 것은 이러한 체험들이 항상 변화하고 일정하지 않는 몸 조직의 기능에 의해 비로소 의식될 수 있느냐는 것이 아니라, 혼 속에 존재하면서, 게다가 무상한 지각의 활동으로부터 독립된 무엇인가를 그 체험들이 가지고 있다는 사실이 중요하다. 혼이 현재와 지속 사이에 놓여 있는 것은 영과 몸 사이에 위치하기 때문이다. 그런 혼은 현재와 지속을 매개하기도 한다. 지금 일어난 일을 기억 속에 입력시킴으로써, 혼은 무상한 현재를 영적 지속성 속에 편입시킨다. 또한 혼은 시간 속에서 늘 변화하는 존재를 늘 똑같은 모습으로 지속되게 한다. 그것은 혼이 일시적 자극에 매몰되지 않고, 적극적으로 외부로 나아가 행위 속에서 외부세계와 자신의 본질을 하나로 통합하기 때문이다. 혼이란 기억을 통하여 어제를 지속시키고, 행위를 통하여 내일을 예비하는 것이다.

만일 장미의 붉은색을 기억할 수 없다면, 혼은 늘 새롭게 그것을 지각해야 할 것이다. 외부에서 인상으로 남는 것, 혼에 의해 지속되는 것은 단순히 외적 인상으로 남지 않고, 독립하여 언제든 우리의 의식에 떠오를 수 있다. 이런 표상 능력 덕분에 외부 세계를 자신의 내부로 옮기고, 그 내부 세계를 기억력으로 떠올릴 수 있게 지속시키며, 인상에 좌우되지 않고 그 내부세계와 더불어 독립된 생활을 해 나갈 수 있는 것이다. 혼의 생활은 늘 변화하는 외부세계의 지속 효과로 이루어지는 것이다.

그러나 행위도 외부세계에 무언가를 새겨 넣으면 지속성을 띠게 된다. 내가 나뭇가지를 부러뜨렸다 하자. 그것은 내 혼의 작용에 의해 외부세계를 변화시키는 결과를 낳는다. 만일 내가 나뭇가지를 부러뜨리지 않았더라면 그 나무는 전혀 다른 삶을 살았을 것이다. 그러므로 나의 행위에 의해, 내가 없었더라면 일어나지 않았을 어떤 결과가 일어났다고 할 수 있다. 내가 오늘 행한 일이 내일에도 지속되는 셈이다.

보통 우리는 행위에 의한 지속화와 기억에 의한 지각체험의 지속화를 다르게 보는 경향이 있다. 그러나 인간의 자아는 행위의 결과로 일어난 외부세계의 변화와 인상으로 얻은 기억을 같은 차원에서 하나로 연결시키고 있는 게 아닐까. 자아는 새로운 인상을 받으면 자신의 기억 내용에 따라 다른 판단을 거기에 첨가한다. 그리고 "나"는 행위에 따라 세계와 다르게 관계한다. 세계와 "나"의 관계는 어떤 행동을 통하여 다른 사람에게 어떤 인상을 주었느냐에 따라 달라진다. 내가 주변에 어떤 인상을 준 후로는 세계와 "나"의 관계는 이전과는 전혀 다르다.

어떤 기억을 가짐으로써 "나"에게 일어나는 변화에 주목하지 못하는 것은 기억이 형성되는 순간, 그것이 자신에 속한 것처럼 느끼는 혼의 작용에 의한 것을 뿐이다. 외부에 작용하는 행위의 결과는 혼의 작용과 동떨어진 곳에서 일어나므로, 기억과는 전혀 다른 것으로 느껴진다. 그러나 행위가 일어나면 이 세상에 "나"의 흔적이 새겨진다는 것을 인정하지 않을 수 없을 것이다. 이와 같은 사실을 잘 생각해 보면, 이런 의문이 일어난다.

"나"에 의해 외적 세계에 새겨진 흔적은, 마치 기억이 어떤 외적 계기를 통해 "나"에게 상기되듯이, 다시 "나"에게로 다가오려는 경향을 가지는 것은 아닐까. 기억은 이런 계기가 다가오기를 기다리고 있는 것은 아닐까. 마치 기억이 그러하듯이, 외부 세계에 새겨 넣은 나의 행위의 결과도 어떤 계기로 인하여 "나"에게 다가올 기회를 기다리고 있지 않을까.

여기서는 일단 문제를 제기하는 데 그치기로 하자. 자아의 본성이 배어 있는 행위의 결과가 그 혼과 만날 기회가 전혀 없는 경우도 있을 터이므로. 그러나 이러한 행위의 결과가 존재하고 있고, 그 존재함을 통하여 세계와 "나"의 관계가 결정된다, 라는 사고가 가능하다는 것을 알 수 있을 것이다. 이제, 이러한 가능성이 인간의 삶 속에서 현실적으로 나타나는지를 고찰해 볼 때가 됐다.

먼지 기억을 살펴보자. 기억은 어디서 비롯하는가. 분명 기억은 감각이나 지각과는 다른 길을 따르고 있다. 눈이 없으면 "청(靑)"을 지각할 수 없지만, 눈만으로는 "청"을 기억할 수 없다. 눈이 청의 감각을 가지기 위해서는 눈앞에 푸른 무엇이 놓여 있어야 한다. 이런 지각행위를 통해 현재의 이미지를 가지지 않는다면, 다시 말해 외부 세계와 나의 관계를 새로이 하지 않는다면, 우리의 몸적 본성은 모든 인상을 망각 속에 지워버릴 것이다. 이것은 처음에 이미지가 일어났던 과정을 내적으로 반복하면서 새로운 이미지를 만들어낸다는 것을 뜻한다. 인간의 혼적 활동을 관찰할 수 있는 능력을 가진 사람이라면, 오늘의 이미지를 어딘가에 저장해 두었다가 내일 다시 불러낸다는 것은 있을 수 없는 일임을 잘 알 것이다. 지금 내가 가진 이미지는 "지금"이 흘러가면서 같이 사라져 버리는 현상에 지나지 않는다. 기억한다는 것은 어떤 이미지를 만들어내는 것만을 말하는 것이 아니라, 외부세계와 나의 어떤 관계의 결과로서 내 속에 새로운 과정이 일어난다는 것을 말한다. 그러므로 기억을 통해 의식의 전면에 떠오르는 이미지는 늘 새로운 이미지이다. 기억이란 창고에 저장한 이미지를 끄집어내는 것이 아니다. 우리의 의식에 다시 나타난다는 것은 예전의 이미지와는 다른 무엇이다.

영학은 이처럼 보통의 삶이나 보통의 학문보다 더 엄밀하게 개념을 다룬다.

기억한다는 것은 이미 여기에 존재하지 않는 무엇을 체험한다는 것이다. 나는 과거의 체험을 지금의 생활과 결합시킨다. 어떤 기억에 대해서는 이런 말이 가능하다. 어떤 사람을 만나, 그 사람이 누구인지를 확인할 수 있는 것은 어제 그 사람을 만났기 때문이라고 가정하자. 만일 어제 내가 지각을 통해 만들어낸 이미지를 오늘의 인상에 결합시킬 수 없다면, 그는 나에게 미지의 인간이다. 나의 지각, 즉 감각조직을 통해서 그에 대한 오늘의 이미지가 만들어진다. 그런데 누가 어제의 이미지를 내 혼 속으로 불러내 주는가? 그것은 어제의 체험에도 작용하고 있고, 오늘의 체험에도 작용하고 있는, 내 속에 있는 동일한 존재이다. 앞에서도 나는 그것을 "혼"이라 하였다. 과거의 체험을 이렇게 충실하게 간직해 주는 존재가 없다면, 어떤 외적 인상도 늘 새로운 것이 될 것이다. 혼은 마치 기호를 새기듯이, 기억이 될 과정을 몸에 새겨 넣는다. 그러나 혼은 이러한 인상을 새겨 넣는 데 그치지 않고, 어떤 외적인 것을 지각하듯이 그것을 지각한다. 이렇게 하여 혼은 기억의 보존자가 되는 것이다.

과거의 보존자로서 혼은 끊임없이 영에게 필요한 체험을 끌어 모은다. 내가 옳고 그름을 구별할 수 있는 것은, 내가 사고하는 인간으로서 진리를 영적으로 파악할 수 있는 존재이기 때문이다. 진리는 영원하므로, 설령 내가 과거를 그때마다 망각하고 늘 새로운 인상밖에 가질 수 없었다 하더라도, 그것은 사물을 통해 나에게 자신을 드러내 보일 것이다. 그러나 내 속의 영은 지금 나타나는 인상에만 한정되지 않는다. 혼이 영의 시계를 과거까지 넓혀주고, 혼이 과거에서 가지고 온 것이 많으면 많을수록, 점점 더 영의 시계는 풍성해진다. 그처럼 혼은 몸을 통해 받아들인 것을 영에게 제공하는 것이다. 그러므로 인간의 영은 어떤 경우에도 그 속에 두 가지 측면을 가지고 있다. 첫째로, 진, 선의 영원한 법칙을, 둘째로, 과거 체험들의 기억을 가지고 있다. 인간의 영은 이 두 가지 요소의 영향 하에 행위한다. 그러므로 우리가 어떤 인간의 영을 이해하려고 한다면, 이 두 가지를 알아야 한다. 먼저, 얼마만큼 영원한 것이 그에게 나타나고 있는가, 그리고 과거의 체험이 그 속에 얼마나 축적되어 있는가.

이러한 체험들은 결코 영에게 불변의 형태를 취하고 있는 것이 아니다. 체험에서 얻은 인상은 이윽고 기억 속에서 사라져 간다. 그러나 그 열매는 사라지지 않는다. 글쓰기를 배우던 어린 시절의 기억은 사라졌다. 그러나 기억이 없다 하더라도, 그 열매로서 나타난 글쓰기 능력은 여전히 존재한다. 이것이 바로 영이 기억에 가하는 변환 작용이다. 영은 개개의 체험들이 하나의 영상으로 남는가 않는가는 그 자체의 운명에 맡겨 버리고, 그 가운데서 능력을 고양시키는 힘만을 끄집어낸다. 이렇게 하여 어떤 체험도 그냥 지나쳐 가게 하지 않는다. 혼은 체험을 기억에 보존하고, 영은 능력을 고양시키며, 거기서부터 생활을 풍성하게 할 무엇을 받아들인다. 인간의 영은 이렇게 받아들인 체험들을 통하여 성장하는 것이다. 설령 과거의 체험들이 영 속에 창고 속의 물건처럼 보관되어 있지 않다 해도, 그 체험들은 인간이 획득한 능력 속에 깃들어 있다.

이상으로 탄생에서 죽음에 이르는 한정된 범위 안에서 영과 혼을 관찰해 보았다. 물론 여기서 멈추어서는 안 된다. 그것은 인간의 몸을 그 범위 안에서만 고찰하려는 것과도 같다. 그 범위 안에서도 탐구해야 할 많은 과제가 있지만, 탄생과 죽음 사이에서 일어나는 것만으로는 결코 인간의 진정한 모습을 설명할 수 없다. 인간의 몸은 단순한 물질적 소재나 힘만으로 이루어진 것이 아니다. 인간의 몸은 생식 작용의 결과로서, 똑같은 몸의 형식을 가진 것으로부터 태어난다. 물질적 소재나 힘은 그것이 살아 있을 동안에만 인간의 몸을 형성할 따름이다. 다시 말해 생식력에 의해 하나의 몸에서 똑같은 형태의 생명체를 가진 다른 몸이 발생하는 것이다. 모든 생명체는 조상의 복제품이다. 아무렇게나 형성되는 것이 아니라, 유전된 형태를 가지고 태어난다. 나라는 인간의 모습을 가능하게 한 힘은 나의 조상에게도 작용하였다.

인간의 영 또한 특정한 형태를 가지고 나타나며, 그 영의 모습은 한 사람 한 사람마다 다른 모습을 띠고 있다. 두 사람이 같은 영적 모습을 나타내는 법은 없다. 물질계와 마찬가지로 냉철한 눈으로 영의 세계를 관찰해야 한다. 그 관찰을 통해 우리는 영적으로 본 인간의 차이점이 환경이나 교육 등에서 비롯하는 것이 아님을 알 수 있다. 똑같은 환경에서 똑같은 교육을 받아도 두 사람은 전혀 다른 능력을 발휘한다. 그러므로 두 사람은 전혀 다른 자질을 가지고 삶을 시작했다고 보아야 할 것이다.

지금 우리는 그것을 인식하면 인간의 본성에 빛을 비출 수 있는 중요한 사실에 직면하고 있다. 물질적인 측면으로만 본다면, 인격의 개인차는 태아의 물질적 구성에 의한 것이라고 주장할 수 있다. 멘델이 발견하여 그 후에 발전을 거듭해 온 유전법칙의 관점에서 그런 주장은 과학적으로 타당하게 보인다. 그러나 이러한 주장은 인간과 그 체험들 사이의 관계를 올바르게 성찰하지 못하고 있다는 사실을 드러낼 따름이다. 주의 깊게 관찰해 보면, 몸의 발육과는 직접적으로 상호 관련이 없는 무엇인가를 통하여 외적 상황이 다양한 방식으로 작용하기 때문이다. 이 영역을 엄밀하게 탐구한 사람이라면, 물질적인 것에 유래하는 것과 인간과 체험의 상호작용으로 발생한 것은 다르다는 것, 그리고 이 상호작용은 혼에 의해 행해진다는 사실을 알 수 있을 것이다. 이때 혼은 외부세계의 어떤 것과 관계하지만, 그것은 그 본성상 태아의 물질적 구성과는 아무런 관계도 없다.

인간은 그 몸의 모습으로 보아도 지구상의 다른 동물과 다르다. 그러나 인간 서로는 어떤 범위 내에서 똑같은 모습을 하고 있다. 하나의 인간 종밖에 없는 것이다. 인종, 민족, 씨족, 개인에 따라 다르지만, 인간의 몸적 동질성은 인간과 다른 동물 사이의 그것보다 현저하다.

인류의 특징은 조상에서 자손으로 유전된다. 인간의 모습은 이 유전과 떼어 설명할 수 없다. 호랑이가 그 조상을 통하여 그런 모습을 이어받듯이, 인간도 그 조상으로 통하여 그 몸의 모습을 이어받는다.

눈으로 인간의 몸적 동질성을 확인할 수 있듯이, 인간의 영적 모습의 차이점도 편견 없는 영적인 눈으로 확인할 수 있다. 이 점을 분명히 할 수 있는 것이 있다. 인간의 전기이다. 만일 인간이 단순한 종의 한 구성체에 지나지 않는다면 전기란 존재할 수 없다. 한 마리 사자, 한 마리 비둘기는 그 사자나 비둘기라는 종에 속함으로 의미가 있다. 그 종이 설명되면 각 개체의 본질도 파악된다. 아버지인가, 아들인가, 손자인가는 아무 문제가 되지 않는다. 그러나 인간은 종의 일원이라는 사실을 넘어서 개체이기에 의미를 가진다. 아무리 그의 아버지, 아들에 대해 설명했다 해도, 그것은 밤골에 사는 영희의 개성을 설명한 것이 아니다. 밤골에 사는 영희의 전기를 알아야만 한다. 전기의 본질을 잘 아는 사람은 영적 관계성 속에서, 한 사람 한 사람이 하나의 종족과도 같다는 사실을 인정할 것이다.

물론 전기를 인생에서 일어난 단순한 사건들의 집합으로 생각하는 사람은 개의 전기도 인간의 전기처럼 쓸 수 있다고 말할 것이다. 그러나 전기 속에 한 인간의 진정한 모습을 기술하는 사람은 그 속에 동물의 종 전체에 대응하는 무엇이 있음을 알 것이다. 어떤 동물, 특히 현명한 동물에 관한 것이라면 전기에 해당하는 어떤 기술이 가능하겠지만, 문제는 거기에 있는 것이 아니다. 인간의 전기란 그런 현명한 동물의 전기가 아니라, 동물의 한 종의 기록에 상응한다는 것이다. 예를 들면 같은 종류의 동물이라 해도 하나 하나가 얼마나 다르다는 것을 잘 알고 있는 서커스의 사육 담당자의 감각으로 위와 같은 사고를 반박할 수도 있을 것이다. 그러나 개개의 존재적 차이와, 개성에 의해 발생하는 차이는 분명히 구별되어야 한다.

육체적 의미에서 종(種)과 유(類)는 유전과의 관련 하에서 올바르게 이해될 수 있지만, 영적 본성은 영적 유전을 통해서만 이해될 수 있다. 나의 체형은 조상에게 물려받은 혈통에서 비롯한다. 그런데 나는 나의 전기 속에 기록되는 그런 것을 어디서 얻을까. 육체적 존재로서, 나는 조상의 체형을 반복한다. 그렇다면 영적 존재인 나는 무엇을 반복하고 있을까. 나의 전기 속에 포함되어 있는 것이라면 딱히 알 필요도 없지 않는가, 있는 그대로 그냥 받아들이면 되지 않느냐고 주장하는 사람은 다음과 같이 말하는 것과 다름없다.

"산처럼 쌓여 있는 원료 덩어리가 저절로 뭉치더니 살아 있는 인간이 되었다" 라고.

몸을 가진 나는 몸을 가진 인간의 자손으로 태어났다. 그런 의미에서 나는 전인류와 공통되는 형상을 가지고 있다. 이러한 유의 특성은 유의 내부에서 유전을 통하여 전해진다. 한편, 영적 인간으로서 나는 나만의 전기, 나만의 형상을 가진다. 그러므로 나는 나 이외의 누구로부터도 이 영적 형상을 물려받지 않았다. 나는 불특정 다수에 속하는 것이 아니라, 특정의 혼적 소질을 가지고 이 세상에 태어났고, 이 소질을 통하여 전기가 나타내는 그런 인생을 살아가므로, 나 자신에 대한 나의 작용은 이 세상에 태어나면서 시작된 것이 아니다. 나는 태어나기 전부터 영적 인간으로 존재하고 있었음에 틀림없다. 물론 조상 가운데 나는 존재하지 않았다. 왜냐하면 조상들은 영적 인간으로서 나와는 다른 존재이므로. 나의 전기는 그들의 전기로는 설명할 수 없다. 오히려 영적 인간으로서 나는 그 전기로 나의 전기를 설명할 수 있는 어떤 존재의 반복이어야 한다. 그렇지 않을 경우는, 나의 진기 내용을 만들어낸 것은 태어나기 이전의 영계 생활의 결과라고 생각할 수 있을 것이다. 그러나 이런 사고방식은 인간의 혼에 물질적 환경이 작용하는 것과 영계에서 획득한 것이 같은 종류라고 가정할 때만 성립할 수 있다. 이런 가정은 엄밀한 관찰 결과와 일치하지 않는다. 왜냐하면 이 물질적 환경으로부터 인간의 혼에 작용하는 것은 이전에 경험했을 때나 앞으로 경험할 때나 한결같이 같은 방식으로 작용하기 때문이다. 이런 사정을 올바르게 고찰하기 위해서는 인간 생활 속에서 새로이 뭔가를 시작했을 때, 이미 이 세상에서 배우기라도 한 것처럼 행동하는 경우가 있다는 사실에 주목할 필요가 있다. 이 인생에서 실제로 습득한 능력이 아님에도 불구하고 그런 능력을 가지고 있음을 느끼는 혼의 선천적 소질을. 이러한 점에서 본다면, 이 인생에 앞서 몇 번의 다른 인생이 있었음을 인정하지 않을 수 없다. 그리고 현재의 지상생활 이전에는 오로지 순수하게 영적인, 영계의 체험만이 있었다고 할 수 없을 것이다.

시인 쉴러의 체격은 조상으로부터 물려받은 것이다. 그것이 흙덩어리에서 생겨나지 않았듯이, 쉴러의 영적 본성도 그렇게 생겨난 것이 아니다. 쉴러의 육체적 형상이 인간의 생식작용으로 설명되어야 하듯이, 그의 영적 본성 또한 그의 전기에서 그의 전기가 설명하는 바의, 어떤 다른 영적 본성의 반복이라 해야 할 것이다.

인간의 육체적 형상이 늘 인간이라는 유의 본성을 반복하는 것이며 재생인 것처럼 영적 인간은 같은 영적 인간의 재생이어야 한다. 왜냐하면 어떤 인간도 영적 인간으로서 자기만의 유일한 유에 속하기 때문이다.

여기에 대해 이런 반론을 펼치는 사람도 있을 것이다.

"그것은 단순한 사고의 결과일 뿐이다. 자연과학에서처럼 외적으로 증명되지 않으면 아무런 의미가 없다" 라고.

그러나 영적 인간의 재생은 물질적 세계에 속하지 않는 완전히 영적 분야의 일이며, 이 분야에서는 우리의 정신적 능력 가운데서도 사고력 외에는 어떤 힘도 통용될 수 없다는 사실을 알아야 한다. 사고력을 신뢰하지 않으면 고차의 영적에서 일어나는 일을 해명할 수 없다.

영의 눈이 열린 사람에게 이런 사고 과정은 육체의 눈앞에 나타나는 현상과 다를 바 없는 현실적인 힘으로 작용한다. 보통의 자연과학적 인식 방법으로 "증명" 하는 쪽이 전기가 의미하는 바와 관련하여 내가 논한 것보다 더 설득력이 있다고 생각하는 사람은 분명 일반적인 의미에서 위대한 과학자일 수는 있겠으나 진정한 영적 탐구의 길에서는 멀리 떨어져 있다.

어떤 사람의 영적 특질을 부모나 조상에게 물려받는 유전으로 설명하는 것은 하나의 편견에 지나지 않는다. 예를 들면 괴테의 본질은 그의 아버지와 어머니에게 물려받은 유전에 의해 형성된 것이라고 생각하는 사람에게는 어떤 이유도 설명도 통하지 않을 것이다. 그 사람에게는 올바른 관찰에 대한 깊은 반감이 있기 때문이다. 유물론의 그림자가 모든 관련성을 올바르게 파악하는 우리의 능력을 방해하고 있다.

이렇게 하여, 생과 사를 넘어 인간을 탐구할 몇 가지 전제가 마련된 셈이다. 생과 사 사이에 한정된 인간은 육체적, 혼적, 영적인 세 개의 세계에 속해 있다. 혼은 몸과 영의 중간부분을 이루고 있고, 몸의 제3의 부분이라 할 수 있는 혼체에 감각능력을 주고, 영의 제1부분인 영적 자아를 의식혼 속에서 활동하게 해 준다. 혼은 살아 있을 동안 몸과 영에 관련된다. 이 관련은 혼의 존재 전체로서 표현된다. 감각혼이 어떻게 능력을 개발할 수 있는가는 혼체의 조직에 따라 결정된다. 다른 한편, 영적 자아가 얼마나 혼 속에서 발달할 수 있는가는 의식혼이 살아가는 방식에 따라 결정된다. 감각혼은 혼체가 잘 발달되면 될수록, 외부세계와 올바른 관계를 가진다. 영적 자아는 의식혼으로부터 영양분을 많이 받으면 받을수록, 보다 풍요롭고 힘차다. 앞에서도 말했듯이 살아 있을 동안 체험과 체험의 성과를 통하여 영적 자아에게 이러한 영양분이 공급되는 것이다. 왜냐하면 혼과 영 사이에 이러한 상호작용은 당연히 혼과 영이 서로 침투하고 뒤섞이는 상태, 즉 "영적 자아와 의식혼"의 합일상태에서만 가능하기 때문이다.

먼저 혼체와 감각혼의 상호작용을 살펴볼 필요가 있다. 혼체는 몸적 본성이 가장 세밀하게 형성된 것이면서 동시에 몸적 본성에 속해 있고, 거기에 의존한다. 몸, 에테르체, 혼체는 어떤 관련성 하에서 하나의 구조물이 된다. 그러므로 혼체도 육체에 형상을 부여하는 유전법칙에 따르고 있다. 또한 혼체는 몸의 본성 가운데서도 가장 유동적인 형태이므로 유전에 있어서도 매우 유동적인 모습을 보인다. 그 때문에 몸은 인종이나 민족, 그리고 부족 내에서 유사한 모습을 보이고, 에테르체도 개개인 모두 다르기는 하지만 인종, 민족, 부족 내부에서 어떤 유사성을 보인다. 그러나 혼체는 거기에 관계없이 개개인의 차이가 매우 크다. 외적 분위기에서도 개인적인 특징이 두드러진다. 즉, 혼체는 개인적인 특징 가운데서도 조상으로부터 물려받는 유전적인 부분의 주재자이다.

앞에서도 말했듯이 혼 그 자체는 완전히 독자적인 생활을 한다. 그것은 좋다 싫다와 같은 감정이나 욕망을 가진 완결된 존재이다. 그와 동시에 전체적인 구조 속에서도 조화롭게 활동하고 있으므로 감각혼에도 그 전체성이 명백히 새겨져 있다. 이 감각혼이 혼체에 침투하여 가득 차게 되므로, 혼체는 혼의 전체성에 따라 형성되며, 또한 유전의 주재자로서 성향, 욕망 등을 조상으로부터 자손에게로 전할 수 있는 것이다. 괴테의, "아버지로부터 체격과 성실한 생활태도를, 어머니로부터 쾌활한 성격과 이야기를 만들어내는 즐거움을 물려 받았다"라는 말은 바로 이런 사실에 기초하고 있다. 그러나 괴테의 천성은 부모로부터 물려받은 것이 아니다. 이렇게 하여 우리는 인간이 어떤 혼의 특질을 육체적인 유전 속에 이입시키는지 이해할 수 있다.

몸의 성분이나 힘은 외적 자연계 속에 균등하게 존재하고 있다. 그런 성분들은 자연계에서 끊임없이 섭취되고 배설되어 나간다. 몇 년만에 우리 몸을 구성하는 성분은 모두 새것으로 바뀐다. 이 성분이 인체라는 형태를 이루고, 인체 내에서 새로운 것으로 교체될 수 있는 것은, 그것이 에테르체와 결합되어 있기 때문이다. 그리고 그 형태는 탄생에서 죽음에 이르는 과정 속에서 결정될 뿐만 아니라, 탄생과 죽음을 넘은 유전의 법칙에도 의존하고 있다. 혼의 특질도 유전을 통해 전해질 수 있다. 육체의 유전 과정에 혼이 개입될 수 있는 것은 혼체가 감각혼으로부터 영향을 받기 때문이다.

그렇다면 혼과 영의 상호작용은 어떻게 이루어질까. 살아 있는 동안 영은 혼과 결합되어 있다. 혼은 진과 선 속에 살아가는 능력과 성향, 충동, 욕망이라는 혼 독자적인 활동 속에 영을 표현하는 능력을 영으로부터 받아들인다. 영적 자아는 "나"에게 영계로부터 진과 선의 영원한 법칙을 이끌어낸다. 이 법칙은 의식혼을 통하여 혼 독자적인 체험 내용과 결합된다. 체험 그 자체는 사라져 간다. 그러나 그 성과는 남는다. 즉, 영적 자아는 이러한 체험과 결합되어 있음으로 해서, 거기서부터 지속적인 인상을 받게 되는 것이다. 이전에 한번 체험한 것과 비슷한 어떤 다른 체험에 인간의 영이 결합되기 시작할 때, 영은 그 체험 속에 어떤 친화성을 느끼고 처음 대하는 것과는 다른 태도로 그것을 체험한다. 모든 학습은 이런 능력에 기초해 있다. 그리고 학습 성과가 바로 능력의 획득이다.

이렇게 하여 변화해 가는 삶의 결실이 영원히 영 속에 새겨져 가는 것이다. 과연 우리는 그 결실을 지각하고 있는 것일까? 영적 인간의 특성으로 지금 말한 소질은 어디에 기초를 두고 있는가. 지상생활을 시작할 때부터 이미 가지고 있는 여러 가지 능력에 기초하고 있을 것이다. 이 능력은 어떤 점에서 생존 중에도 획득할 수 있는 능력과 전혀 다르지 않다. 한 인간의 천부적 자질을 예로 들어보자. 어린 시절의 모짜르트는 한 번 들으면 아무리 긴 곡이라 해도 기억만으로 악보에 옮겨 적을 수가 있었다고 한다. 전체를 한번 훑어보는 것만으로 파악할 수 있었기 때문에 그렇게 할 수 있었던 것이다. 일정한 범위 내에서라면 인간은 살아가는 동안 전체를 조망하고 그 관련성을 통찰할 수 있는 능력을 확대하여 그 결과로 새로운 능력을 가지게 된다. 그러므로 레싱은 자기 자신에 대해, 비판적 통찰력을 통하여 천재에 필적하는 무엇을 가질 수 있게 되었다고 말하는 것이다. 소질에 기반을 둔 능력을 기적이라고 그냥 감탄하고만 있고 싶지 않다면, 그런 능력은 영적 자아가 혼을 통하여 획득한 체험들의 성과라는 사실을 깊이 깨달아야 할 것이다. 그 능력은 영적 자아에 새겨져 있다. 그리고 만일 그것이 이 세상을 살아가면서 새겨진 것이 아니라면, 전세에 새겨졌다고 볼 수밖에 없다. 한 인간의 영은 그 자체로 하나의 유를 이룬다. 그리고 하나의 유라 할 수 있는 몸적 존재가 그 특징을 유 속에 유전하듯이 영은 영의 유 속에, 다시 말해 자기 자신 속에 그 특징을 전하는 것이다. 어떤 인생 속에서 인간의 영은 자기 자신의 반복으로서, 전세의 체험들의 성과를 가지고 나타난다. 그 인생은 이전의 인생의 반복이며, 영적 자아가 전생에서 배워 얻은 것을 필연적으로 보유하고 있다. 영적 자아는 체험들을 자신 속에 섭취할 때, 자신을 생명력 속에 스며들게 한다. 생명체가 종에서 종으로 그 형태를 반복하듯이, 생명령은 혼을 개인적 존재에서 개인적 존재로 반복하는 것이다.

이상의 고찰을 통하여, 인간의 특정 생활의 근거를 윤회전생 속에서 탐구하는 사고방식이 타당성을 얻게 된다. 이 사고방식은 본서의 끝 부분에 있는 인식의 길을 걸음으로써 얻게 되는 영적 통찰에 의해 비로소 그 완전한 의미를 가질 수 있다. 여기서는 단지 사고를 통하여 올바른 방향성을 가진 일반적인 관찰 방법으로도 그런 사고방식에 도달할 수 있다는 것을 시사하는 데 만족하기로 하자. 물론 이런 사고방식은 처음에는 흐릿한 그림자에 지나지 않을지도 모른다. 그리고 엄밀하지도 않고, 잘못된 사고와 관찰에 근거를 둔 비난에도 견뎌낼 수 없을 것이다. 그러나 일반적인 관찰을 통하여 이러한 사고방식을 획득하는 것 자체가 초감각적 관찰에 이르는 준비가 된다는 것을 잊지 말자. 무엇인가를 관찰하려면 건강한 눈이 있어야 하는 것처럼, 초감각적 관찰을 위해 필요한 무엇인가가 반드시 형성된다. 이런 사고방식이 초감각적 관찰 그 자체에 암시를 걸지도 모른다고 비난하는 사람은, 스스로 자유롭게 사유하며 현실에 관계하려는 태도를 가질 수 없을 뿐만 아니라, 그런 비난을 통하여 스스로 그 비난에 암시를 걸고 있다는 것을 증명하고 있을 따름이다.

이처럼 혼의 체험들은 탄생과 죽음 사이에서만 지속하는 것이 아니라 그 경계를 넘어 계속된다. 그러나 혼은 혼 속에서 빛나는 영에 그러한 체험을 새겨 넣을 뿐만 아니라, 행위를 통하여 외계에도 그것을 새겨 넣는다. 내가 어제 행한 일은 오늘도 작용하고 있다. 이런 인과관계는 잠과 죽음에 빗대어 표현할 수 있다.

죽음과도 같이 깊은 잠이란 말이 있다. 나는 아침에 일어난다. 나의 일은 밤에 중단된다. 보통 우리는 아침에 자신의 일을 바로 시작할 수 없다. 생활의 질서와 관련을 가지기 위해서는 어제 한 일과 연결이 되어야 한다. 어제의 행위는 오늘의 행위의 전제가 된다. 내가 어제 행한 것은 오늘도 작용하고 있다. 한때 나는 일에서 떨어져 나왔다. 그러나 이 일은 나에게 속해 있고, 거기서부터 떨어진 나를 일 쪽으로 끌어당긴다. 나의 과거는 나와 결합되어 있고, 나의 현재 속에 살아 움직이며, 미래에도 나로부터 떨어져 나가지 않을 것이다. 만일 어제 한 행위의 결과가 오늘 나의 운명이 아니라고 한다면, 오늘 아침 나는 잠에서 깨어난 것이 아니라 무로부터 새로이 태어난 것이다. 만일 내가 집을 다 지어놓고 특별한 이유도 없이 집을 비워둔다면, 그 집을 지은 이유가 없어지고 만다.

인간이 오늘 아침에 새로이 창조되지 않았듯이, 인간의 영 또한 이 지상의 생활을 시작할 때 새로이 만들어진 것이 아니다. 이 세상의 인생을 살아가기 시작했을 때 무엇이 일어났는지를 명백히 해두지 않으면 안 된다. 유전법칙에 따라 새로이 형태를 얻은 육체가 나타난다. 육체의 형태는 이전의 생을 반복하는 영을 새로이 보존하는 자이다. 그 육체와 영 사이에 그 자신의 고유한 생활을 해 나가는 혼이 있다. 사랑, 혐오감, 바람, 욕망이 혼의 생활을 형성하고 있다. 혼은 자신을 위해 사고력을 사용한다. 혼은 감각혼으로 외계의 인상을 받아들이고, 그리고 거기서 얻은 성과를 영속적으로 흡수하기 위해 그 인상을 영에 새겨 넣는다. 혼은 이른바 중개자 역할을 하고, 그 역할을 다함으로써 자기의 사명을 완성한다. 몸은 혼을 위해 인상을 형성하고, 혼은 그것을 감각내용으로 바꾸며, 기억 속에 표상내용으로서 보관하고, 영에게 그것을 제공하고, 그리고 영이 그것을 영속적으로 유지해 나간다. 혼은 본래 지상생활의 주역이다. 인간은 몸을 통하여 생물학적인 인류에 속한다. 우리는 그 몸을 통하여 인간이라는 유의 일원이 된다. 영으로서 인간은 보다 고차의 세계에 살아가고 있다. 혼은 일정 기간 이 두 세계를 연결시켜 준다.

그러나 인간의 영이 발을 들여 놓는 물질세계는 그 영에게 전혀 미지의 세계는 아니다. 거기에는 그의 행위가 남긴 흔적이 새겨져 있다. 그 무대의 모든 것은 그에게 속하고, 그의 본질을 형성하고, 그와 친화력을 가지고 있다. 혼은 외계의 인상을 이 영에게 넘겨줌으로써 그 인상을 영속시키는 한편, 그와는 반대로 영의 기관으로서 영이 보내는 능력을 행위로 전환하여, 그 작용이 물질계에 영원히 작용하게 한다. 이렇게 하여 혼은 행위 속에 흘러 들어간다. 행위의 결과 속에서 인간의 혼은 독립된 제2의 삶을 살아간다. 그리고 그것이 바로 어떻게 운명의 작용이 인생에 관련되는가, 라는 관점에서 인생을 바라보게 하는 계기를 주는 것이다.

뭔가가 인간에 관련되어 있다. 처음에에는 그런 "관련"이 "우연"히 일어난 일이라 생각할 것이다. 그러나 우리는 자신이 이러한 "우연"의 산물이 아님을 깨달을 수 있다. 마흔에 이른 사람이 인생을 돌이켜 보고, 자신의 혼의 본질을 단순한 추상적인 자아 표상의 문제로 치부해 버리고 싶지 않다면, 다음과 같이 반성해 볼 수 있을 것이다.

"오늘까지 운명적으로 나에게 관련되어 온 것을 통하여 지금의 나가 형성되었다. 만일 내가 스무 살 때 겪은 체험들 대신에 다른 체험을 가졌더라면, 나는 다른 존재가 되어 있지 않았을까."

그렇게 생각하는 사람은 단순히 "내부에서" 오는 성장충동뿐만 아니라 "외부에서" 형성되어 인생에 관계하려는 것 가운데서도 "나"를 찾을 것이다. 자신에게 일어난 일 속에서 그는 자신의 자아를 인식한다. 만일 이 인식이 진실로 가능하다면, 앞으로 한 걸음만 더 나아가면 인생에 대한 깊은 통찰을 얻을 수 있을 것이다. 그리고 운명 체험을 통하여 밖에서 흘러 들어오는 것 가운데서 과거의 체험을 밝음 속에 드러내는 기억이 내적 자아에게 작용하는 것과 똑같은 방식으로, 외부에서 자아로 작용해 오는 것을 본다. 인간은 이렇게 하여 혼의 행위가 어떻게 자아의 길을 걸어가는지를 운명 체험 속에서 인식할 수 있게 된다. 그것은 마치 외적인 계기를 통해 기억 속에서 이전의 체험이 의식화되는 것과 똑같다. 행위의 결과가 그 행위의 주체인 인간의 혼 앞에 다시 나타날 수 있다. 단 한 번뿐인 이 세상의 생활이라면 자신에게 돌아오지 않는 행위의 결과도 있을 것이다. 왜냐하면 그때의 생활이란 새로운 행위를 위해서만 이루어지기 때문이다. 따라서 체험의 의미는 행위의 완성 속에 있다. 마치 체험하고 있는 도중에는 그 체험을 기억해 낼 수 없는 것처럼, 그 행위의 결과는 혼 앞에 나타날 수 없다. 이러한 체험에서 문제가 되는 행위의 결과는, 그 행위를 하는 "나"가 선천적으로 가지고 있는 소질에는 전혀 관계가 없는 행위의 결과이다. 전생의 생활에서 유래하는 행위의 결과만 바라보면 되는 것이다. 그러면 외부에서 다가오는 것처럼 보이는 운명 체험이 마치 자아에 의해 "내부에서" 만들어져 자아와 밀접하게 결합되어 있는 것처럼 느껴지게 되어, 이 운명체험과 전생의 행위 결과가 깊은 관련성이 있다고 생각할 수밖에 없게 된다. 이렇게 하여 사고의 빛에 비추어진 친밀한 인생관을 통하여, 이 세상의 운명 체험이 전생의 행위와 관련되어 있다는 상식적으로는 받아들이기 힘든 가설로 우리를 이끌어 갈 것이다. 그러나 이 가설은 초감각적 인식에 의해서만 충분한 내용을 가질 수 있고, 그 인식이 없다면 흐릿한 그림자처럼 느껴질 것이다. 그렇지만 일상 의식만으로 이러한 가설에 이르는 것은 진실로 초감각적 관찰을 통하여 그 진실을 볼 수 있는 준비작업이 된다.

내 행위의 한 부분은 외부에 있고, 다른 부분은 내 안에 있다. 자아와 행위의 이 관계를 단순한 자연과학상의 비유로 설명할 수 있다. 원래는 시력을 가지고 켄터키의 한 동굴에 들어 간 동물이 오랜 동안 동굴 생활을 하다가 시력을 잃어버리고 말았다. 어둠 속의 생활이 눈을 활용할 기회를 빼앗아 버린 것이다. 따라서 눈에 의한 시력활동에 동반되는 물리화학적 작용이 일어나지 않았다. 이 작용을 위해 소모되던 영양분은 다른 기관 쪽으로 흘러 갈 것이다. 이렇게 하여 이 동물은 어두운 동굴 속에서만 살아 갈 수 있게 되었다. 이 동물은 동굴로 이주하는 행위를 통하여 자신의 미래의 생활조건을 만든 것이나 다름없다. 이주는 이 동물의 운명의 한 부분이 되었다. 예전에는 작용하던 하나의 능력이 행위의 결과와 결합하여 다른 능력으로 변화하였다. 똑같은 일이 인간의 영에도 적용된다. 혼은 행위를 통하여 영에 특정한 능력을 부여할 수 있다. 인간의 영이 어떤 능력을 가지는가는 그 혼이 어떤 행위를 하느냐에 달렸다. 혼의 행위를 통하여 이런 행위의 결과로서 다른 행위를 할 수 있는 영적 능력의 소질이 혼 속에서 일어난다. 다른 행위가 이루어지는 동안 혼은 비로소 행위의 성과를 필요로 한다. 다시 말해, 행위를 통하여 혼은 이 행위의 결과를 청산하려는 필연성을 스스로 가지게 된다.

이렇게 인간의 영은 행위에 의해 자신의 운명을 불러온다. 그는 지금도 전생의 행위 결과와 연결되어 있는 것이다.

여기서 다음과 같은 의문이 생긴다.

"인간의 영이 예전에 살았던 세계와는 전혀 다른 세계에 다시 태어난다면, 어떻게 그런 일이 가능한가."

이런 의문은 운명의 연쇄를 외적 생활에 따라 생각하기 때문에 일어나는 것이다. 내가 유럽에서 미국으로 이주했다면, 전혀 새로운 환경에서 살아가는 셈이 된다. 그럼에도 불구하고 미국 생활은 예전에 살았던 유럽 생활에 의존해 있다. 유럽에서 기계공이었던 경우와 은행원이었던 경우에 따라 미국의 생활이 다르게 형성될 것이다. 어느 경우에도, 예전 생활이 지금의 환경을 결정하고 있다. 예전의 생활이 새로운 환경 전체 속에서 자신에게 친숙한 것을 가려내어 그것을 자신 쪽으로 끌어당기는 것이다. 영적 자아의 경우도 마찬가지다. 영적 자아는 새로운 인생에서도 필연적으로 자신의 주위를 전생에서 친숙했던 것으로 가득 채울 것이다.

그리고 잠이 죽음의 적절한 비유가 될 수 있는 것은 잠 속의 인간이 운명의 무대에서 벗어나 있기 때문이다. 잠을 잘 때도 이 운명의 무대에서는 사건이 진행되어 간다. 잠시 동안 우리는 그 진행에 어떤 영향도 끼칠 수 없다. 그럼에도 불구하고 내일의 우리 생활은 어제의 행위의 결과에 의존하고 있다. 우리의 인격은 우리의 행위 세계 속에서 실제로 아침이 될 때마다 새로운 육체에 깃든다. 잠들어 있을 동안 우리를 떠나 있던 것들이 아침이 되면 다시 우리에게로 돌아온다.

전생의 행위들에 대해서도 똑같은 말을 할 수 있다. 마치 어두운 동굴이 그 동굴에 들어 온 결과 시력을 잃어버린 동물의 생활과 결합되어 있듯이, 전생의 행위들도 운명이 되어 인간과 결합되어 있다. 그 동물이 스스로 이주해 온 환경 속에서만 살아 갈 수 있듯이, 인간의 영 또한 스스로의 행위를 통하여 만들어낸 환경 속에서만 살아갈 수 있다. 아침에 일어났을 때, 어제 내가 스스로 만들어낸 상태에 놓일 수 있는 것은, 상황 그 자체의 자연적인 흐름이며, 나의 영과 주변 사물의 유사관계가 다시 태어난 나에게 전생의 행위 결과에 어울리는 환경을 조성해 주는 것이다. 이렇게 인간은 혼이 어떻게 인간의 본질에 결합되어 있는가에 대해 하나의 관념을 형성할 수 있다. 육체는 유전법칙에 따른다. 한편, 인간의 영은 거듭 거듭 다시 태어나지 않으면 안 된다. 윤회전생의 법칙은 인간의 영이 전생의 성과를 다음 삶 속에 가지고 들어오는 데에 있다. 혼은 전생 속에서 살아간다. 그러나 현세의 생활은 전생의 생활로부터 독립된 것이 아니다. 다시 태어나는 영이 전생으로부터 자신의 운명을 가지고 태어나기 때문이다. 그리고 이 운명이 인생을 규정한다. 혼이 어떤 인상을 가질 수 있고 어떤 바램을 충족시킬 수 있고, 어떤 기쁨과 슬픔을 느끼고, 어떤 사람을 만나는가는 모두가 영의 윤회전생 속에서 어떤 행위를 했느냐에 달려 있다. 한 인생에서 관계를 맺었던 사람들을 다음 인생에서도 만나게 된다. 왜냐하면 이 사람들 사이에서 이루어진 행위는 반드시 그 결과를 가지고 있기 때문이다. 그 사람의 혼만이 아니라, 이 혼과 연결된 다른 사람의 혼들 또한 같은 시대에 다시 태어나려고 노력할 것이다. 혼의 행위는 이렇게 인간의 영이 스스로 만들어낸 운명의 한 결과이다. 세 가지 사항이 탄생에서 죽음에 이르는 인간의 일생을 규정한다. 그리고 이것을 통하여 인간은 탄생과 죽음을 초월하고 있는 요인에 세 가지 방식으로 의존하고 있다.

육체는 유전 법칙에 따른다. 혼은 스스로 만들어낸 운명에 따른다. 인간에 의해 만들어진 이 운명을 카르마(업)라고 한다. 그리고 영은 윤회전생의 법칙에 따른다.

그러므로 영, 혼, 몸의 관계를 다음과 같이 말할 수 있다. 영은 멸하지 않는다. 탄생과 죽음은 물질계의 법칙에 따라 신체를 지배하고 있다. 운명에 따르는 혼의 행위는 이 세상에 태어나는 한 이 양자에게 관련성을 부여한다. 인간의 본질에 대해, 더 이상의 인식을 얻으려면 인간이 속해 있는 "세 가지 세계" 그 자체를 알아야 한다. 다음 장에서는 이 세 가지 세계를 다루도록 하겠다.

인생의 현상들을 정면으로 응시하고, 인생의 진실에 응하여 얻은 사상을 마지막 순간까지 두려움 없이 밀고 가면, 사고의 논리만으로도 우리는 윤회전생이나 운명법칙의 관념에 도달할 수 있을 것이다. "영적 눈"이 열린 견자에게 과거의 인생이 펼쳐진 두루마리처럼 하나의 체험으로 현존하고 있다는 것이 진실이듯이, 이 진리가 사색하는 이성 속에서 빛을 발하는 것 또한 진실인 것이다.

세 가지 세계

1. 혼의 세계

"인간의 본질"에 대해 고찰해 보면 인간은 세 가지 세계에 속하고 있음을 알 수 있다. 몸을 구성하고 있는 소재와 힘은 물질 세계에서 나온 것이다. 우리는 외적 감각을 통해 이 세계에 대한 지식을 얻는다. 이 감각만을 신뢰하여 오로지 그 지각 능력만을 개발하려는 사람은 다른 두 세계, 혼과 영의 세계를 결코 알 수 없을 것이다.

인간이 사물이나 생물의 현실성을 확신할 수 있는가 없는가는 그것을 지각할 수 있는 감각을 가지고 있는가 없는가에 달려 있다.

물론 여기서처럼 고차적 지각기관을 영적 감각이라 부르면 금방 오해가 생길 것이다. 왜냐하면 "감각"이라고 하면, 사람들은 보통 "물질" 관념을 거기에 연결시키기 때문이다. 실세로 인간은 "영적" 세계에 대립하는 의미로 물질계를 "감각적" 세계라 부르고 있다. 이런 오해를 피하기 위해서 "고차적 감각"이라는 비유적 표현을 사용하고 있음을 이 자리를 빌어 밝혀 둔다. 몸의 감각이 물질적 존재를 지각하듯이 혼과 영의 감각은 혼적이며 영적 존재를 지각한다. 오로지 "지각기관" 이라는 의미로 "감각" 이라는 표현이 사용되고 있다. 빛을 감지하는 눈이 없으면 빛과 색에 대해 아무것도 모를 것이며, 소리를 지각하는 귀가 없으면 소리에 대해 아무것도 모를 것이다. 그런 의미에서 독일의 철학자 로체의 말은 옳다.

"빛을 감지하는 눈과 소리를 감지하는 귀가 없으면 전세계는 어둠이며 침묵일 것이다. 아픔을 느끼는 신경이 없으면 치통이 존재할 수 없듯이, 빛과 소리도 존재할 수 없을 것이다."

이 말을 올바르게 파악하기 위해서는 몸의 표면 전체에 일종의 촉각만을 가진 하등생물의 세계와 인간 세계를 비교해 보면 충분할 것이다. 빛, 색, 소리는 이 생물에게는 귀와 눈을 가진 생물처럼 존재할 수 없다. 공기를 진동시키는 총성은 그 생물에게 어떻게 전달될까. 그 진동이 그 생물의 혼에 소리로 나타나기 위해서는 귀가 있어야 한다. 에테르라는 미묘한 소재 속에서 어떤 과정이 빛과 색으로 나타나기 위해서는 그것을 지각할 수 있는 감각 기관이 있어야 한다.

어떤 감각 기관으로 사물이나 존재의 작용을 감지하지 못한다면, 우리는 아무것도 알 수 없다. 괴테는 인간과 현실세계의 이런 관계를 이렇게 표현하고 있다.

"우리는 사물의 본질을 표현하려는 쓸데없는 노력을 기울이고 있다. 하나 하나의 작용을 느끼기만 하면 그만이다. 그런 작용 전체에 그 사물의 본질이 포함되어 있음을 알게 될 것이다. 어떤 사람의 성격을 기술하려고 노력하는 것 또한 쓸데없는 일이다. 그 사람의 행동들을 끌어 모아 비교해 보면 그 사람의 인물상이 뚜렷이 우리 앞에 나타날 것이다. 색은 빛의 행위이다. 행위이며 수난이다. …… 색과 빛이 서로 밀접한 관련성을 맺고 있으나, 우리는 한 걸음 더 나아가 자연 전체 속에서 이 두 가지 현상을 보아야 한다. 왜냐하면 빛과 색을 통하여, 눈의 감각에게 자신을 밝히려 하는 것은 그야말로 자연 그 자체이기 때문이다. 그와 마찬가지로 자연은 다른 감각에도 자신을 드러낸다. …… 이렇게 하여 자연은 거기서 더욱 깊은 곳으로 내려가 다른 감각에도, 즉 이미 알려져 있으나 인정받지 못하는 미지의 감각에까지 말을 걸어온다. 그리고 수많은 현상을 통하여 자기 자신과 대화하고, 우리와 대화한다. 주의 깊은 사람에게 자연은 어떤 경우에도 살아 숨쉬고 있고, 침묵하지 않는다."

만일 이 말로 괴테가 사물의 본질에 대한 인식 가능성을 부정하려 하고 있다고 생각한다면, 그건 잘못이다. 단지 사물의 작용이 지각될 뿐, 본질은 그 뒤에 감춰져 있다고 괴테는 말하고 있지 않다. 그리고 그런 "숨겨진 본질" 따위는 전혀 문제삼을 필요도 없다고 말하고 있는 것이다. 본질은 현상에 배후에 존재하는 것이 아니다. 본질이란 오히려 현상을 통하여 표면에 나타나는 것이다. 본질은 얼마든지 다양화될 수 있으므로, 다른 감각에 대해서는 다른 형태로 자기를 나타낼 수 있다. 그 경우에도 항상 본질적 부분이 나타나는 것이다. 단, 감각에 한계가 있으므로 그 본질이 전체적 본질이 아닐 따름이다. 이러한 괴테의 관점은 우리가 영학의 문제로 제기하는 내용과 똑같다.

눈과 귀가 물체의 양상을 지각하는 기관으로서 육체 속에서 성장하듯이, 우리는 혼계와 영계를 지각하는 기관을 육성할 수 있다. 혼계와 영계는 그런 고차적 감각을 가지지 못한 사람에게는 마치 귀와 눈이 없는 생물에게 나타나는 물질계가 그러하듯이 "어둠과 침묵"의 세계이다. 그렇다고는 하지만 고차적 감각과 인간의 관계는 물체의 감각과 인간의 관계와는 다르다. 물질 감각이 완전히 발달할 수 있도록 자연은 배려해준다. 인간 자신이 노력하지 않아도 저절로 그런 감각은 육성된다. 그러나 고차적 감각은 우리 스스로 노력하지 않으면 얻을 수 없다. 인간을 위해서 물질적 환경세계를 지각하고, 거기에 충분히 적응할 수 있는 육체를 길러주는 것이 자연이라고 한다면, 혼계와 영계를 지각할 수 있도록 혼과 영을 길러주는 것은 인간 자신뿐이다. 자연이 발달시켜주지 못한 고차의 기관을 육성하는 것은 자연에 반한 행위가 아니다. 왜냐하면 고차적 관점에서 보면, 인간이 이룩하는 모든 것은 자연에 속하기 때문이다. 인간이란 자연에서 독립한 바로 그 시점의 발전단계에 머물러야 한다고 주장하는 사람만이 고차적 감각의 육성을 부자연스럽게 느낀다. 이런 사람들에게 고차적 감각기관은 괴테의 말처럼 "인정받지 못하고" 있는 것이다. 그러나 이런 사람은 인간의 모든 교육 행위를 부정하는 것과 같다. 왜냐하면 교육 또한 자연의 작업을 계승하는 것이므로. 나아가 눈먼 사람도 수술을 거부해야 할 것이다. 왜냐하면 수술로 인하여 눈이 보이게 되는 사람과 거의 같은 일이 본서의 마지막 부분에서 서술하는 방법으로 고차의 감각을 개발한 사람에게 일어나기 때문이다. 세계는 몸의 감각이 알 수 없었던 새로운 특성, 양상, 현실을 동반하면서 그의 앞에 나타난다. 이 고차의 기관을 통하여 제멋대로 무엇인가를 현실세계에 첨가하는 것이 아니라는 것, 이 기관 없이는 현실계의 본질적 부분이 가려진 채로 남게 된다는 것이 명료해진다. 혼계나 영계는 물질계의 곁에 있는 것도 아니고, 그 외부에 있는 것도 아니다. 그것은 공간적으로 물질계에서 구별되지 않는다. 수술로 눈을 뜬 사람에게 어둠의 세계가 빛과 색의 세계로 드러나듯이, 혼과 영에 눈을 뜬 사람에게, 이전에는 그냥 물체로서 나타나던 사물이 그 혼적 영적 특성을 밝힐 것이다. 이 세계에는 혼적 영적으로 눈을 뜨지 못한 사람에게는 전혀 알려지지 않는 형태나 존재가 가득하다.(혼적 영적 감각을 기르는 방법에 대해서는 나중에 자세히 논할 것이므로, 여기서는 우선 이 두 가지 고차적 세계 그 자체에 대해 말하기로 한다. 이러한 세계를 부정하는 사람은 고차적 기관을 아직 개발하지 못했을 따름이다. 인류의 진화는 어떤 단계에서 끝나는 것이 아니라 끝없이 계속되어야 하는 것이다.)

"고차의 기관"은 때로 육체의 기관과 비슷하게 느껴진다. 그러므로 고차의 기관이란 영이나 혼으로 만들어진 조직이라는 것을 알아둘 필요가 있다. 따라서 고차의 세계에서 지각되는 것이 안개처럼 희박한 물질적 소재인 것처럼 생각해서는 안 된다. 그렇게 생각하는 한 여기서 "고차의 세계"라 부르는 것을 이해할 수 없다. 지각하려는 것이 어떤 미묘한 물체인 것처럼 이미지를 떠올리지만 않는다면, 물론 처음에는 지극히 기본적인 점에 한정되겠지만, 여기서 말하는 "고차의 세계"에 대한 진실을 배우는 데 큰 어려움을 느끼지 않아도 될 것이다. 그러나 많은 사람들은 이런 진실을 받아들이려 하지 않는다. 그들은 그것을 있을 수 없는 일이라 생각한다. 물론 영적 발전의 고차적 단계에 도달한다는 것은 그리 쉬운 일이 아니다. 그러나 영계의 본질을 인식하기 위해 필요한 단계는 — 그리고 그 단계의 의미는 크다 — 혼적 영적인 것이 물질의 미묘한 형태에 지나지 않는다는 편견을 제거하려고 노력만 한다면 그리 어려운 일이 아니다.

우리가 그 외견만으로 그 사람됨을 가늠하는 것이 불가능하듯이, 우리의 주변 세계를 오로지 육체의 감각만으로 이해하려는 것도 무리이다. 그리고 한 인간과 친해져서 그 혼을 친밀하게 느낄 수 있을 때 그 사람을 그린 초상화를 잘 이해할 수 있는 것과 마찬가지로, 물체의 세계 또한 그 혼적 영적 근거를 알았을 때, 비로소 진정으로 이해하게 되는 것이다. 그래서 여기서는 먼저 고차의 혼적 영적 세계에 대해 이야기하고, 그 다음에 물질계를 영학적 관점에서 논해 볼 생각이다.

현대라는 문화기에서 고차적 세계를 이야기하는 것은 매우 어려운 작업이다. 왜냐하면 이 문화기는 무엇보다 물질세계를 인식하고 지배하는 데 뛰어난 능력을 발휘하는 시대이기 때문이다. 우리의 언어는 처음부터 이 물질세계와의 관계에서 그 형태와 의미를 얻었다. 그러나 이미 알려진 사실을 실마리로 삼아 말해야 하므로, 이 관습화된 언어를 사용하지 않을 수 없다. 바로 그 때문에 외적 감각만을 신용하려는 사람의 오해를 불러 올 수도 있는 것이다.

처음에는 몇 가지 사항이 비유적으로 이야기되다가, 그리고 암시에 그칠 것이다. 그럴 수밖에 없었기 때문이다. 왜냐하면 이러한 비유는 처음에는 인간을 고차적 세계로 향하게 하고, 그 다음에는 스스로 그 세계에 입문하도록 촉발하는 수단에 지나지 않기 때문이다.(이런 입문에 대해서는 나중에 논하기로 하겠다. 혼적 영적 지각기관의 육성 방법도 그때 언급될 것이다. 지금은 우선 비유를 통해서라도 고차의 세계에 대한 지식을 얻지 않을 수 없다. 그런 후에야 비로소 이 세계에 대한 눈을 스스로 열어가려는 생각이 일어날 것이다.)

우리의 위, 심장, 폐, 뇌를 구성하고 지배하는 소재와 힘이 물질계에 속하듯이, 우리의 충동, 욕망, 감정, 정열, 바램, 감각과 같은 혼의 특성은 혼적 세계에 속한다. 인간의 혼은 육체가 물질적 세계의 일부분이듯이, 혼적 세계의 일부분이기도 하다. 물질 세계와 혼 세계의 가장 다른 점은 후자의 세계에 속한 모든 사물이나 본성이 전자의 세계 것보다 훨씬 더 치밀하고 동적이며 자유롭게 형태를 바꾼다는 데에 있을 것이다. 그러나 그것이 물질세계와는 완전히 다른, 새로운 세계라는 것을 잘 이해해야 한다. 그러므로 보다 조잡한가, 치밀한가를 논하는 것은 근본적으로 다른 두 항목을 비교하기 위한 방편임을 알아야 한다. 이것은 물질 세계에서 추출한 언어로 혼의 세계를 말하려 하는 모든 경우에 해당한다. 이것을 전제로 한다면, 물질계에 있어서 물질적 소재나 힘의 경우와 마찬가지로 혼 세계의 존재자나 구성체도 혼적 소재로 이루어져 있으며 혼의 힘에 지배받고 있다 할 수 있다.

물질계의 구성체가 공간적 퍼짐성과 공간적 운동성을 고유한 속성으로 가지고 있듯이, 인간의 혼에 속한 힘들도 나름의 속성을 가진다.(충동, 바램, 요구는 혼의 세계의 소재에 대한 이름이다. 이 소재적 부분은 "아스트랄적" 으로 특징지워진다. 혼 세계의 힘 쪽을 언어로 표현하자면 "욕망존재" 에 대해 이야기해야 할 것이다. 그러나 혼 세계의 "소재" 와 "힘" 은 물질계에서처럼 엄밀하게 구별할 수 없다. 어떤 충동을 "힘" 이라 할 수도 있고, "소재" 라 할 수도 있다.)

처음으로 혼 세계를 본 사람은 물질계와 너무나 달라 혼란을 일으키고 만다. 그러나 이러한 혼란은 새로운 육체의 감각이 열렸을 때도 일어난다. 수술로 눈이 보이게 되었을 때, 여태 눈이 보이지 않았던 사람은 이전에는 촉각을 통해서만 느꼈던 세계 속에서 새로이 자신의 위치를 설정하지 않으면 안 된다. 그런 사람은 마치 대상이 눈 안에 있는 것처럼 느낀다. 그러다 점차 대상이 자기 눈 밖에 있다는 것을 알게 되는데, 대상은 마치 평면상에 그려진 것처럼 나타난다. 깊이나 사물간의 거리는 그 후 시간이 흐른 후에 서서히 파악된다.

혼의 세계에는 물질계와 전혀 다른 법칙이 지배하고 있다. 그런데 혼의 구성체 대부분은 당연히 다른 세계의 구성체와 결합되어 있다. 가령 인간의 혼은 육체와 결합되어 있고, 인간의 영과도 결합되어 있다. 그 때문에 인간의 혼 속의 행위는 동시에 몸이나 영의 세계의 영향을 받고 있다. 혼의 세계를 관찰할 때는 반드시 이런 사실이 고려되어야 한다. 그리고 다른 세계의 움직임에 의한 것을 혼의 법칙인 것처럼 느껴서는 안 된다.

예를 들면 사람이 어떤 바램을 밖으로 표현할 때, 이 바램은 사고 내용, 즉 영적 표상에 의해 장악되고 있고, 영의 법칙에 따르면서 물질계의 법칙에도 따른다. 우리는 거기에 아무 작용도 가하지 않고 물질계의 법칙을 고찰할 수 있듯이, 혼의 세계에 대해서도 똑같은 고찰이 가능하다.

혼적 사상과 물질적 사상의 차이점은, 전자의 상호작용은 본질적으로 내적이라는 것이다. 물리적 공간에는 "충격"의 법칙이 작용한다. 상아 공이 정지하고 있는 또 하나의 공에 부딪치면, 뒷 공은 앞공의 운동과 탄성으로 계산될 수 있는 일정 방향을 향하여 이동한다. 혼의 공간에서는 서로 부딪치는 두 개의 구성체의 상호작용은 양자의 내적 특성에 의존한다. 서로 잘 맞으면 서로 녹아들어 하나가 된다. 만일 상반되는 특성을 가진다면 서로를 밀쳐낸다.

물리적 공간에서는 특정한 시각법칙이 있다. 멀리 있는 물체는 원근법적으로 작게 보인다. 가로수를 보면, 원근법의 법칙에 따라 멀리 있는 나무는 가까운 것보다 그 간격이 좁은 것처럼 느껴진다. 혼의 공간에서는 그와는 달리 멀리 있건 가까이 있건 그 내적 본성과 관련된 간격으로 보는 자 앞에 나타난다. 그러므로 혼의 공간으로 들어가는 사람이 물리적 세계의 규칙으로 그것을 보려 하면 오류가 생기기 마련이다.

혼의 세계를 알려면 무엇보다 먼저 물질계에서 고체, 액체, 기체로 구별하는 것과 유사한 방법으로, 그 구성체를 구분해 보는 것이 좋을 듯 하다. 그러기 위해서는 보다 근본적인 두 가지 힘을 알아야 한다. 즉, 공감과 반감이다. 혼적 구성체 속에서 이 두 가지가 어떻게 상호 작용하는지는 그 구성체의 종류가 결정한다. 공감이란 혼적 구성체가 다른 것을 끌어당겨, 다른 것과 융합하려는 힘이다. 반감이란 그와는 반대로 다른 것을 물리치고 배제하며, 자신의 특성을 주장하려는 힘이다. 어떤 혼적 구성체가 혼의 세계에서 어떤 역할을 하는가는 이 두 가지 기본적인 힘을 어느 정도 갖추고 있는가에 따른다. 세 가지 종류의 혼적 구성체가 이러한 공감과 반감의 작용에 따라 구별되어야 한다. 그리고 이러한 종류의 상이성은 공감과 반감의 상호관계에 의지하고 있다. 두 가지 기본적인 힘은 어느 경우에서건 존재한다. 제1의 구성체를 살펴보자. 그것은 주위에 있는 다른 구성체를 공감 작용으로 끌어당기려 하지만 그와 동시에 자기 속에 작용하고 있는 반감이 주위에 있는 것을 물리친다. 그 결과, 외부적으로는 오로지 반감의 힘만 가지고 있는 것처럼 보이지만, 그렇지 않다. 공감과 반감은 함께 존재하고 있고, 단지 후자가 우세한 데에 지나지 않는다. 반감이 공감을 이기고 있는 상태이다. 이 구성체는 혼의 공간 속에서 자기 중심적인 역할을 한다. 자신의 주위에 있는 많은 것을 물리치고, 극히 작은 부분만을 자신 속으로 받아들인다. 그 때문에 이 구성체는 변화하기 어려운 형태를 가지고 혼의 공간을 이동하고 있다. 그러한 공감의 힘은 탐욕적인 모습을 드러낸다. 게다가 이 탐욕은 만족을 모른다. 왜냐하면 반감이 자신에게 접근하는 모든 것을 물리치기 때문에 혼이 가득 찰 수 없기 때문이다. 이런 종류의 혼적 구성체를 물질계의 어떤 것과 비교한다면, 고체가 거기에 대응한다고 할 수 있다. 혼적 소재성으로 볼 때, 이 영역을 불타는 욕망이라 한다.

동물이나 인간의 혼에 깃든 이러한 욕망의 열기는 저급한 감각적 충동이라는 그들의 지배적인 이기적 본능을 결정짓는다.

혼의 제2구성체는 공감과 반감이 같은 정도의 힘으로 작용하며 균형을 이루는 경우이다. 이 구성체는 주위에 대해 일종의 중립성을 가지고 있다. 특별히 끌어당기지도 않고 밀쳐내지도 않고, 다른 것들에 대해 유사성을 드러내며 작용하고 있다. 그것은 자신과 주변세계에 확실한 경계선을 그으려 하지 않는다. 그것은 주위에 있는 다른 것들을 끊임없이 자신에게 작용시키므로 물질계의 액체에 대비할 수 있다. 이 구성체는 다른 것을 자신 쪽으로 끌어당기는 힘에는 전혀 관심이 없다. 이러한 작용의 한 예로서, 인간의 혼이 색채를 감지할 때를 생각하면 될 것이다. 빨간색을 느낄 때, 나는 주위로부터 중화된 자극을 받고 있다. 이 자극에 빨간색을 보았을 때의 쾌감을 덧붙일 때, 혼에는 다른 작용이 나타난다. 중화된 자극을 일으키는 것은 공감과 반감이 서로 균형을 이루고 있는 혼적 구성체이다. 혼의 이러한 소재는 유동적이어서 자유롭게 형태를 바꿀 수 있다. 그것은 첫 번째 것처럼 자기 본위로 혼의 공간을 이동하지 않고, 모든 곳에서 다른 것으로부터 인상을 받아들여, 만나는 많은 것들과 화해한다. 이러한 혼의 소재를 유동적 감응성이라 할 수 있을 것이다.

혼의 제3구성체는 공감이 반감을 지배하고 있는 단계이다. 반감은 자기 중심적으로 자신을 주장하지만, 이제는 주위 사물에 대해 심하게 관심을 기울인다. 이러한 구성체가 혼적 공간 속에 있는 경우를 생각해 보자. 그것은 주위의 대상에 영향을 끼치는 인력권의 중심이다. 이러한 구성체를 원망소재성이라 하자. 왜냐하면 반감이 존재하기는 하지만 그 움직임이 공감보다 약하므로 공감이 그 인력이 닿는 모든 대상을 자신의 영역 안으로 끌어당기려 하기 때문이다. 그러므로 그 공감은 아직 자기 중심적인 기조를 가지고 있다. 원망소재성은 물질계의 기체에 비유될 수 있다. 기체가 사방으로 팽창하려 하듯이 그 원망소재성도 모든 방향으로 퍼져나가려 한다.

혼의 보다 높은 단계에 이르면, 반감이 완전히 사라지고 공감만이 본래의 작용자로 나타난다. 그럴 경우, 이 공감 작용은 처음에는 혼적 구성체 그 자체의 부분 내에서 나타난다. 이 부분들은 서로를 끌어당긴다. 어떤 혼적 구성체 내부의 공감력은 쾌감 속에 나타난다. 그리고 이 공감이 조금이라도 감소하면 불쾌하다. 추위란 열기가 극도로 적어졌음을 나타낸다. 불쾌감도 쾌감이 줄어든 것을 말한다. 쾌감과 불쾌감이란 인간의 감정세계의 활동을 말한다. 그런 의미에서 느낀다는 것은 혼이 자기 자신의 내부에서 활동함이다. 쾌감과 불쾌감의 존재방식에 따라 혼의 기분이 결정된다.

공감을 자기 자신의 내부 활동에만 국한하지 않는 혼적 구성체는 한 단계 높은 곳에 이른다. 이 단계는 이미 제4단계가 그러하듯이, 공감이 반감의 방해를 받지 않는다는 점에서 저차의 3단계와 구별된다. 이러한 고차의 혼적 소재에 의해 비로소 다양한 혼적 구성체가 하나의 세계로 어우러진다. 반감이 문제가 되는 한, 아직 그 혼적 구성체는 자기 자신만을 위하고, 다른 것을 이용하여 자신을 강화하기 위해서 다른 것들과 관계하려 한다. 반감이 침묵할 때, 다른 것들을 어떤 계시를 주는 존재로서 받아들일 수 있다. 이 고차적 형식의 혼적 소재는 혼적 공간 속에서 마치 물질계 빛과 같은 역할을 한다. 이 소재는 어떤 혼적 구성체가 다른 존재, 다른 본질을 이러한 존재, 본질 그 자체를 흡수하게 해 준다. 다시 말해, 다른 존재의 빛으로 자신을 비추게 한다. 혼은 이러한 고차의 영역들을 앎으로써 비로소 진정한 혼의 존재방식에 눈을 뜬다. 혼은 어둠 속의 무거운 삶에서 해방되어, 바깥으로 열리고 빛을 발하고 스스로 혼적 공간 속에 빛을 비춘다. 저차원 영역의 혼적 소재만으로 존재할 경우, 반감 때문에 다른 존재로부터 자신을 감추려 하는 비활성적이고 음침한 내적 생활은, 이제 안에서 바깥으로 흘러가려는 혼의 활동성으로 바뀐다. 제2영역의 유동적 감응성은 구성체와 구성체가 만날 때만 활동한다. 물론 만남이 이루어지면 다른 존재 속으로 흘러 들어간다. 그러나 그 경우에는 접촉이 필요하다. 고차의 제영역에서는 자유롭게 방사되고 자유롭게 유출된다.(이 영역의 존재를 "방사하는 것"이라 불러야 한다. 왜냐하면 방해받지 않고 자유롭게 퍼져가는 공감은 빛과 비슷한 방식으로 작용하기 때문이다.) 지하실의 식물이 잘 자라지 못하듯이, 활동을 촉진하는 고차영역의 소재가 없으면 혼적 구성체도 성장할 수 없다. 이러한 고차영역의 소재는 혼의 빛, 혼의 활동력, 그리고 좁은 의미의 혼 본래의 생명이다. 이러한 것들은 고차영역에서 나와 개개의 혼에 부여된다.

그 때문에 혼의 세계는 세 가지 저차원 영역과 세 가지 고차원 영역으로 구분된다. 그리고 이 두 가지는 제4의 영역에 의해 매개되므로 혼의 세계를 다음과 같이 분류할 수 있다.

1. 불타는 욕망의 영역
2. 유동적 감응성의 영역
3. 바램의 영역
4. 쾌감과 불쾌감의 영역
5. 혼빛의 영역
6. 혼의 활동력의 영역
7. 혼의 생명 영역

처음의 3가지 영역에 있어서 혼적 구성체는 공감과 반감의 관계로 이루어진다. 제4영역에서는 공감이 혼적 구성체 자신 속에서만 작용한다. 고차의 3영역을 통하여 공감의 힘은 점점 자유로워진다. 빛나고 활기에 넘치는 이 영역의 혼적 소재는 혼의 공간 속을 바람처럼 불어 가, 혼자서 자기 존재 속에 매몰되어 가는 혼적 구성체를 각성시킨다.

덧붙이자면, 이러한 혼적 영역의 구분은 서로 단절된 것이 아니다. 고체, 액체, 기체가 물질계에서 서로 침투하고 있듯이, 혼적 세계에서 불타는 욕망, 유동적 감응성, 그리고 바램의 힘은 서로 침투하고 있다. 그리고 물질계에서 열기가 물체를 꿰뚫고 빛이 그것을 비추어 내듯이, 혼적 세계의 쾌감, 불쾌감이나 혼 빛에서도 똑같은 일이 일어난다. 나아가 똑같은 일이 활동적인 혼의 힘과 본래의 혼적 작용 속에서도 나타난다.

2. 사후의 혼

혼은 인간의 영과 몸의 결합부분이다. 공감과 반감의 힘은 상호관계를 통하여 욕망, 감응, 바램, 쾌감과 불쾌감을 일으키는데, 이러한 힘은 혼의 구성체와 구성체 사이에서 작용할 뿐만 아니라 다른 물질계나 영계의 존재자들에게도 작용한다. 혼이 몸에 깃들어 있을 동안 혼은 몸에서 일어나는 모든 것에 관여한다. 몸의 물질적 조직이 규칙적으로 움직이고 있을 때는 혼 속에 쾌감과 편안함이 일어나고, 그 조직활동이 방해받을 때는 불쾌감과 고통이 따른다.

그리고 영의 작용에도 관여한다. 어떤 현상은 혼을 즐겁게 가득 채우고, 또 어떤 현상은 혐오감을 일으킨다. 올바른 판단은 혼을 즐겁게 하고, 잘못된 판단은 혼을 불쾌하게 만든다.

어떤 사람이 도달하는 경지도 혼의 경향이 어떤 방향으로 기울어지는가에 따라 결정된다. 어떤 사람의 혼이 그 사람의 영적 활동에 공감하면 할수록, 그것만으로도 그는 완성된다. 그 혼의 요구가 몸의 기능으로 만족하고 있으면 있을수록 그는 미완성인 채로 남는다.

영은 인간의 중심점이다. 몸은 이 영이 물질계를 관찰하고, 인식하고, 활동하는 데 필요한 매개자이다. 그리고 혼은 이 영과 몸의 매개자이다. 혼은 공기의 진동이 귀에 던져주는 물질적 작용에서 소리의 감각을 끌어내고, 그 소리를 쾌감으로 체험한다. 혼은 이것을 모두 영에게 전하고, 영은 그것을 통해 물질계를 이해한다. 한편 영 속에 나타나는 사고내용은 혼 속에서 그것을 실현하려는 바램으로 바뀌어, 그것으로 인하여 몸을 도구로 삼아 행위할 수 있다.

인간은 자신의 모든 활동에 영적 방향성을 주지 못하면 자신의 사명을 달성할 수 없다. 혼은 자신만의 힘으로 물질이나 영으로 향할 수 있다. 이른바 그 촉수를 물질이나 영, 어느 쪽으로도 뻗칠 수 있다. 물질계에 잠겨버리면 혼은 물질의 본성에 물들어 버린다. 그 경우, 영은 물질계 속에서는 혼이라는 매개체를 통해서만 움직일 수밖에 없으므로 그 혼의 존재방식에 따라 영 자신에게 물질적 지향성을 주게 된다. 영적 구성체는 그 혼의 힘에 의해 물질 쪽으로 끌려간다. 미숙한 사람을 예로 들어보자. 그의 혼은 몸의 기능에 집착하는 경향을 가질 것이다. 그는 물질계가 감각에 부여하는 인상에 의해서만 쾌감을 느낀다. 그리고 그의 영적 생활 또한 물질 영역으로 하강할 것이다. 그의 사고내용은 물질적 요구를 충족시키기 위해서만 기능한다.

영적 자아는 윤회전생을 거듭하는 동안 점점 영적인 것으로 인도되지 않으면 안 된다. 그 인식은 영원한 진리의 영에 의해, 그 행동은 영원한 선에 의해 결정되지 않으면 안 된다.

물질계의 현실에서 일어나는 죽음이란 몸의 기능이 변화하는 것을 말한다. 죽은 몸은 혼과 영의 매개 역할을 정지하고, 그 기능은 물질계의 법칙에 따라 완전히 물질화하여 자기 속에 해소되어 버린다. 감각적으로는 그냥 몸의 이러한 물질적 과정만이 죽음으로 관찰

된다. 그 다음 혼과 영에 무슨 일이 일어나는지는 몸의 감각으로는 파악할 수 없다. 혼과 영을 감각적으로 관찰할 수 있는 경우는, 살아서 물질 과정 속에서 자신을 바깥으로 표현할 때뿐이다. 죽고 나면 이런 표현이 불가능해진다. 그러므로 육체적 감각에 의한 관찰과 그 관찰에 기반을 둔 학문은 사후의 혼과 영의 운명에게 아무런 도움이 되지 못한다. 혼계와 영계의 과정에 대한 관찰에 근거한 고차적 인식이 필요하다.

영은 몸을 떠난 다음에도 혼과 결합되어 있다. 그리고 지상에서 살아 있을 때의 몸이 영을 물질계와 연결시켰듯이, 지금은 혼이 영을 혼계에 연결시켜주고 있다.

그러나 영의 본원적 모습을 이 혼적 세계 속에서 찾을 수는 없다. 혼은 다만 영의 창조의 장인 물질계와 연결시켜주는 존재일 따름이다. 영이 보다 완성된 형상으로 새로이 태어나기 위해서는 영계로부터 거기에 합당한 힘을 받아야 한다. 그러나 지상생활에서 영은 혼을 통하여 물질계 속에 편입되어 있었다. 영을 구속하는 혼이 물질의 본성에 물들어 있었기 때문에 영 또한 물질계로 향하지 않을 수 없었다. 사후에 혼은 몸을 잃고 오로지 영과 연결되어 있다. 혼은 혼 본래의 환경에서 살아가고 있다. 따라서 이 혼계의 힘만이 혼에 작용할 수 있다. 처음에는 영도 혼계의 생활에 포함되어 있었다. 영은 이 세상에서 몸과 결합되어 있었듯이, 지금은 혼의 생활과 결합되어 있다. 언제 몸이 죽는가는 몸의 법칙에 따르는 것이므로, 혼과 영이 몸을 떠나가는 것이 아니라, 몸의 힘이 인체조직 속에서 더 이상 작용할 수 없게 되었을 때, 이 몸이 혼과 영의 구속을 풀어준다고 해야 할 것이다. 그와 똑같은 관계를 혼과 영의 관계에 대해서는 말할 수 있다. 혼의 힘이 인간의 혼으로서 존재할 수 없게 되었을 때, 이 혼이 영을 고차원 세계 쪽으로 밀어내는 것이다. 혼이 몸을 통해서 체험했던 모든 집착을 버리고, 영과 함께 체험한 내용에만 관계하려 할 때, 영은 해방된다. 몸 속에서 체험한 것이라도 혼이 그 성과를 영에 새겨 넣을 수 있다면, 그 체험 내용은 영계에서도 혼과 영을 하나로 묶어 줄 것이다.

사후의 혼을 알기 위해서는 그 해소과정을 고찰해야 한다. 혼은 영을 물질 쪽으로 이끄는 과제를 떠맡았다. 그 임무를 다한 순간, 혼은 영의 방향으로 향한다. 이 과제와의 관계에서 보면, 몸이 혼에서 벗어나서 혼이 더 이상 결합부분의 역할을 할 필요가 없어졌을 때, 혼은 영적 활동을 할 수 있다. 몸적 생활을 통해 몸의 영향을 받고, 몸에 집착하지만 않았더라면 혼은 순수한 영적 활동을 할 수 있었을 것이다. 만일 혼이 몸에 깃들어서 그 영향에 물들지 않았더라면 몸을 벗어난 다음 즉시 영적이며 혼적 세계의 법칙에 따라 감각체험을 갈구하지 않을 것이다. 만일 인간이 죽음에 임하여 지상세계에 대한 관심을 가질 필요가 없을 정도로 지상생활과 관련된 욕망, 바램 등을 모두 충족시켰더라면, 그러지 않을지도 모른다. 그러나 보통은 충족되지 못한 욕망이 혼에 달라붙는다.

혼란을 피하기 위해서, 다시 이 지상에 태어나서 반드시 이루어야 할 이 세상의 인연과, 사후의 혼을 생전의 특정 생활에 집착하게 하는 이 세상의 인연을 조심스럽게 구분할 필요가 있다. 전자는 운명의 법칙, 즉 카르마를 통하여 해결되지만, 후자는 사후의 혼이 스스로 그 인연을 끊을 수밖에 없다.

사후의 혼은 오로지 스스로 영적, 혼적 세계의 법칙에 따름으로써 물질 존재에 대한 집착을 끊고 영을 자유롭게 활동하게 하는 일정한 시기를 거친다. 혼이 물질적인 것에 구속되면 될수록 이 시간은 연장된다. 물질생활에 대한 의존이 적은 인간은 그 시간이 짧고, 물질생활에 대한 관심이 강하여 사후에도 많은 욕망, 바램 등이 혼 속에 남아 있는 인간은 그 시간이 길다.

죽음 직후의 혼이 어떤 상태에 있는가를 알기 위해서는 다음과 같이 생각하면 될 것이다. 미식가의 예를 들어보자. 맛있는 음식을 갈구하는 것은 신체적 욕구라기보다는 혼적인 것이다. 혼 속에는 쾌락과 함께 쾌락에 대한 욕망이 존재한다. 이 욕망을 충족시키기 위해서는 입과 혀라는 신체기관이 필요하다. 그러나 사후의 혼은 똑같은 욕망을 가지고 있으면서도 그것을 충족시켜 줄 신체기관이 없다. 그 때문에 혼은 물 한 방울 없는 사막을 걸어가는 듯한 갈증과 비슷한 아픔을 느낀다. 쾌락의 결핍에 처해 혼이 겪는 불타는 듯한 고통은 혼이 쾌락을 가능하게 하는 신체기관을 잃은 데서 비롯한다. 신체기관이 없으면 충족시킬 수 없는 혼의 욕구는 혼을 고통스럽게 한다. 이 결핍의 갈증으로 불타오르는 상태는, 혼 스스로가 몸이 없으므로 결코 충족시킬 수 없다는 것을 깨달을 때까지 지속된다. 이 상태에서 보내는 시간을 "욕망의 장소"라고 할 수 있다. 물론 이 경우 "장소"는 문제가 아니다.

사후, 혼의 세계에 들어 간 혼은 그 세계의 법칙에 따라 살아간다. 그 법칙들이 혼에 작용한다. 물질적인 것을 지향하는 혼의 경향이 어떤 방식으로 소멸에 이르는가는 이 작용에 달려 있다. 이 작용은 혼이 속해 있던 영역의 소재의 힘과 그 종류에 따라 다르다. 그렇지만 종류에 관계없이 이 작용에 의해 순화하고 정화하는 감화력이 혼에 영향을 끼친다. 그리고 모든 반감작용이 혼 속에서 점점 공감의 힘으로 극복되고, 공감 그 자체도 최고의 정점에 오른다. 최고의 공감이란 혼이 혼계 전체에 융합되고 혼계와 하나가 되는 것을 말한다. 그때, 혼의 이기적 경향은 완전히 사라진다. 혼은 이미 물질적 감각적 존재에 관심을 기울이지 않게 된다. 이렇게 하여 영은 혼을 통하여 해방된다. 혼은 완전한 공감의 영역에서 혼계 전체와 하나가 될 때까지 위에서 말한 혼계의 영역을 통과하면서 정화되어 간다. 만일 영이 해탈의 마지막 순간에서 이 혼과 연결되어 있었다면, 그것은 영이 지상생활을 하는 동안 혼과 완전히 동화되었음을 뜻한다. 이 동화는 몸과의 동화보다 더욱 철저하다. 왜냐하면 영은 몸과 혼을 통하여 간접적으로 결합되어 있었지만, 혼과의 결합은 직접적인 것이기 때문이다. 혼은 영의 개인생활로서 영위된다. 그러므로 영은 부패하는 육체가 아니라 점차로 해탈해 가는 혼과 결합되어 있다.

영은 혼과 직접 결합되어 있으므로, 혼이 혼계 전체와 하나가 되었을 때 비로소 영은 혼으로부터 자유롭게 된 자신을 느낄 수 있다.

사후의 인간이 최초로 머무는 장소가 혼의 세계일 때, 그것을 "욕망의 장소"라 하는데, 혼의 이런 상황을 알고 그것을 교의 속에 도입한 다양한 종교체계들은 이 "욕망의 장소"를 "연옥", "정화의 불"이라 불렀다.

혼계의 가장 낮은 영역은 타오르는 욕망의 영역이다. 사후 이 영역을 통과하는 사이에 물질생활에 관련된 조잡하고 이기적인 욕망이 소멸된다. 왜냐하면 욕망을 아직 버리지 못한 혼은 그야말로 욕망을 통하여 그 영역의 작용을 그대로 받아들이지 않을 수 없기 때문이다. 물질생활에 대해 아직 충족되지 못한 욕망이 이 작용의 출발점이다. 이 혼의 공감은 자신의 이기적 욕구를 충족시켜주는 것에만 작용하려 한다. 그 외에는 오로지 반감만이 작용하고 있고, 그 반감이 혼을 압도한다. 이 경우, 욕망은 혼계 속에서는 충족될 수 없는 물질적 기호를 갈구한다. 따라서 욕망은 이 충족 불가능한 조건 속에서 최고조에 달하게 된다. 그러나 그것은 충족 불가능성에 의해 욕망의 불을 끄는 작용이기도 하다. 불타는 갈망은 점차 재로 변해간다. 그리고 혼은 타는 목마름이 소멸되어 가는 과정에서, 목마름과 고뇌를 제거하는 유일한 방법이 무엇인가를 알게 된다. 지상생활에서는 욕망을 충족시킬 가능성이 있었고, 바로 그것 때문에 불타는 욕망의 고통이 일종의 환상의 베일에 감추어져 있었다. 그러나 사후, "정화의 불" 속에서 이 고통은 완전히 베일을 벗고 정체를 드러낸다. 그 결핍을 철저히 체험하지 않을 수 없다. 그동안 혼은 완전히 어둠에 감싸여 있다. 물론 이런 상태에 빠지는 것은 지상생활에서 조잡한 물적 욕망에 물든 사람뿐이다. 이런 욕망에서 자유로웠던 사람은 아무 어려움 없이 이 영역을 통과한다. 왜냐하면 그 상태에 아무런 친화성을 느끼지 못하기 때문이다. 이 세상의 생활에서 불타는 욕망과 동화하는 정도가 크면 클수록, 정화될 필요성이 크면 클수록 혼은 장기간에 걸쳐 이 영역에 머물러야 한다. 이 정화를 오로지 고뇌로 느끼는 감각계와 같은 의미에서 고뇌라 할 수 없다. 왜냐하면 사후, 그것을 통하여 자신의 불완전성을 극복할 수 있으므로, 혼 자신이 이런 정화를 갈구하기 때문이다.

공감과 반감이 균형을 이루는 것이 혼계의 제2영역이다. 사후, 이와 똑같은 상태에 놓인 사람은 이 제2영역의 작용을 받는다. 인생의 외적 사정에 마음을 빼앗기거나 감각의 일시적인 인상에 즐거움을 구하는 성향이 이런 상태를 만들어낸다. 이러한 상태에 놓인 혼의 욕구로부터 자유롭지 못한 사람은 이 영역에 오래 오래 머문다. 이런 사람은 번잡한 일상에 일일이 신경을 쓴다. 그러나 그때 공감이 특별히 하나의 사물에만 향하지 않으므로 어떤 인상도 특별한 영향을 끼치지 않고, 빨리 지나쳐 간다. 게다가 이러한 사소하고 가치 없는 것 이외는 모두 반감을 불러일으킨다.

혼이 사후에 이런 상태에 계속 머물기는 하지만 이러한 혼의 요구를 만족시키는 데 필요한 감각적 물리적 사물이 존재하지 않으므로 이런 상태도 완전히 소멸되지 않을 수 없다. 물론 그것이 완전히 소멸될 때까지 혼을 점유하고 있는 결핍은 고통이지만, 이러한 고통스런 상황이야말로 인간이 지상생활을 보낼 때 집착하던 환상을 깨트리는 도량이 된다.

세 번째로, 혼계 속에는 공감과 바램이 지배하는 상황이 관찰된다. 혼은 사후에 바램의 분위기를 가진 모든 것을 통해 이러한 제3영역의 작용을 받는다. 이 바램 또한 성취될 수 없는 것이므로 언젠가는 소멸된다.

혼계의 제4영역인 쾌감과 불쾌감의 영역은 혼에게 특별한 시련을 준다. 몸에 깃들어 있을 때, 혼은 몸에 관련된 모든 일에 관계한다. 쾌감과 불쾌감의 작용은 몸과 결합되어 있다. 쾌감, 불쾌감, 만족감, 불만은 모두 몸이 일으키는 것이다. 그러므로 인간은 지상생활에서 자신의 몸을 자신의 자아인 듯이 느낀다. 자기감정이라는 것은 이런 사실에 기초하고 있다. 그리고 인간이 감각적 경향을 강하게 가지면 가질수록, 그 자기감정은 이러한 특징을 강화한다.

사후에는 자기감정의 대상이 되는 몸이 없다. 이 감정의 주인인 혼은 마치 자신의 내면에 구멍이 뚫린 것 같은 느낌을 가진다. 자신이 잃어버린 듯이 느끼는 그 감정이 그의 혼을 덮친다. 이 감정은 육체적인 것 속에 진정한 인간 존재가 있는 것이 아님을 인식할 수 있을 때까지 지속된다. 따라서 이 제4영역의 작용은 육체 즉 자아의 환상을 타파하는 데에 있다. 혼은 육체적 본성을 더 이상 본질적인 것으로 느끼지 않는다. 혼은 몸의 본성에 대한 집착에서 해방되고 순화된다. 이렇게 혼을 물질계에 강하게 구속해 온 것이 극복되었으므로 혼은 외부로 퍼져 나가는 공감의 힘을 충분히 발휘할 수 있다. 혼은 자기를 벗어 던지고 혼계 전체 속으로 자신을 쏟아 넣는 것이다.

이상의 관련성에서 반드시 언급해 두어야 할 것은, 자살자의 문제이다. 자살자는 특별한 방법으로 이 영역의 체험을 견뎌내지 않으면 안 된다. 그는 부자연스러운 수단으로 육체를 버렸기 때문에, 육체에 관련된 모든 감정은 그대로 그의 혼에 남아 있다. 자연사의 경우는 노쇠와 함께 육체에 결합된 감정들도 부분적으로 소멸되어 간다. 자살자의 경우는 갑자기 구멍이 뚫려 버린 것 같은 감정이 가져다 주는 고뇌 외에도 자살의 원인이 된 충족되지 못한 욕망과 바램이 고뇌를 산출한다.

혼계의 제5단계는 혼빛의 단계이다. 이 단계에서는 다른 것에 대한 공감이 중요한 의미를 가진다. 이 세상의 생활 속에서 저급한 욕망만을 충족시키려 하지 않고, 주어진 환경에 즐거움과 애정을 느낄 수 있었던 혼은 이 단계에 친숙해질 수 있다. 예를 들면, 자연에 몰입하려는 태도도 만일 그것이 감각적 성질을 가진 것이었다면, 이 단계에서 정화될 수 있을 것이다. 그리고 자연체험에는 보다 고차적인 영적 성격이 내재한다. 그것은 자연의 사물이나 그 활동 속에 나타나는 영을 체험하려는 경우이다. 이러한 자연 감정은 그 사람의 영성을 개발하고, 혼 속에 영속적인 부분을 만들어낸다. 그러나 감각적 향수를 목적으로 하는 자연체험은 이 자연감정과는 다르다. 혼은, 물질을 향한 욕구와 마찬가지로 이러한 자연 체험도 정화해야 한다. 또한 대부분 사람들은 물질적인 복지를 가져다 주는 제도들, 예를 들면 쾌적한 생활을 달성하기 위한 교육제도 속에 어떤 이상을 발견하려 하고 있다. 물론 이 사람들을 이기적인 충동에만 따른다고 할 수는 없을 것이다. 그러나 이 사람들의 혼은 감각세계를 지향하고 있는 한, 혼계의 제5영역을 지배하고 있는 공감의 힘에 의해 정화되지 않으면 안 된다. 이 공감의 힘에는 그러한 외적 충족 수단이 결여되어 있으므로, 혼은 다른 수단으로 이 공감을 충족시키지 않으면 안 된다. 그리고 그 수단이란, 혼이 혼계의 환경에 공감함으로 해서 실현되는, 공간 속으로 혼이 스스로를 유출시키는 것을 말한다.

종교활동을 통하여 물질생활의 향상을 기대하고 있는 사람들의 혼도 이러한 영역에서 정화된다. 그 사람들이 동경하는 대상이 지상의 낙원이든, 천상의 낙원이든 상관없다. 어느 경우에도 이런 사람들의 혼은 "혼의 나라" 속에서 이 낙원을 만나게 되겠지만, 그것은 결국 이러한 낙원의 허망함을 깨닫기 위한 것일 뿐이다. 이것은 물론 이 제5영역에서 일어나는 정화에 대한 개개의 예의 지나지 않는다. 예는 끝도 없이 들 수 있다.

제6영역은 활동하는 혼 힘의 영역이다. 이기적 성격 때문이 아니라 하더라도, 행위의 동기가 감각적 만족을 위한 사업욕은 이 영역에서 정화된다. 활동 의욕에 불타는 사람은 일견 이상주의자인 것처럼 보인다. 희생 정신으로 가득한 인물처럼 보인다. 그러나 그 동기의 깊은 곳에는 감각적 쾌락을 고양시키려는 의도가 있다. 예술을 좋아하는 사람이나 재미만으로 학문에 몰두하는 사람들 대부분은 이런 부류에 속한다. 예술이나 학문의 존재 이유가 그런 재미에 있다는 믿음이 그들을 물질계에 속박시키고 있는 것이다.

본래의 혼이 살아가는 장소인 제7영역은 감각적 물질적 세계에 대한 집착에서 최종적으로 인간을 해방한다. 지금까지 모든 영역은 혼 속에 있는 그 영역과 동질적인 부분을 혼에서 가져 올 수 있었다. 마지막으로 남은 부분은 감각 세계를 위해 모든 것을 바쳐야 한다는 사고방식인데, 이것이 여전히 영을 감싸고 있는 것이다. 매우 뛰어난 인물 가운데서도 물질계의 사상 이외의 것은 별로 고려하지 않는 사람이 있다. 그런 신념을 유물론 신앙이라 할 수 있을 것이다. 이런 신념은 타파되어야 한다. 그리고 그것이 이 제7영역에서 이루어진다. 이 영역에서 혼은 진정한 현실 속에서는 유물론 신앙의 대상이 되는 것은 아무것도 존재하지 않음을 깨닫는다. 얼음이 햇빛을 받아 녹듯이, 혼의 이러한 신념도 이 영역에서 사라진다. 혼은 혼계에 전부 흡수되고, 영은 모든 속박에서 자유로워진다. 영은 지금, 그 본래의 자리를 향해 비상한다. 그러한 영역에서만 영은 자기 본래의 환경 속에 놓여 있다고 할 수 있다.

혼은 생전에 이 세상의 과제에 대응해 왔다. 그리고 사후, 그 과제 가운데서 영을 속박하던 것이 해소된다. 혼은 지상생활의 이러한 잔재를 모두 버림으로써 그 본래의 영역 속에 환원된다.

이상의 논의를 통해 알 수 있듯이, 혼계의 체험들과 그것을 체험하는 사후의 혼의 상태가 그 혼의 본래 모습으로 돌아가기 위해서는 몸 속에 깃들어 있을 때 그 몸과 동질화되어버린 부분을 빠짐없이 제거하지 않으면 안 된다.

혼은 이 세상의 생활 속에서 주어진 조건에 따라 이들 영역 가운데 어느 한 곳에 오래 머물기도 하고 짧게 머물기도 한다. 혼은 동질적인 영역에 그 동질성이 모두 소멸할 때까지 계속 머문다. 동질적인 부분이 전혀 존재하지 않는 곳에서는 아무것도 감지하지 못하고, 혼은 그 영향권을 통과한다. 여기서는 혼계의 기본성질과 혼계에서 혼의 활동의 일반적 특징만을 다루었으나, 이런 점에서는 영계도 마찬가지이다. 만일 영계와 영계의 특성을 보다 상세히 논하려면 도저히 한 권의 책으로는 불가능하다. 물질계의 공간 관계나 시간 진행에 비교되는 것에 한정한다 하더라도, 그것이 물질계와는 전혀 다르기 때문에 매우 상세한 설명이 필요하다. 거기에 관련된 주요 내용은《신비학 개론》에서 다루었다.

3. 영계

이제 영이 어떤 여행을 계속하는가를 고찰하기에 앞서, 영이 들어서는 그 영역을 관찰해 보아야겠다.

이 영역을 "영계"라 한다. 이 세계는 물질계와는 전혀 다르기 때문에 물질적 감각만을 믿는 사람은 이 모든 것이 공상에 지나지 않을 것이다. "혼의 세계"를 고찰할 때와 마찬가지로 이 영역 또한 비유를 통해 이야기할 수밖에 없다. 감각적 현실을 표현하는 대부분의 언어는 "영계"를 직접 표현하기에 적합하지 않다. 따라서 여기서 말하는 모든 것은 암시의 차원을 벗어날 수 없다는 것을 미리 알아두자. 이곳에서 일어나는 모든 일들은 너무도 물질세계와 다르기 때문에 비유로서 설명하지 않을 수 없다. 물질계에 상응하는 언어 수단이 영계를 표현하기에 얼마나 불완전한지 필자 또한 처절히 의식하면서 이 글을 쓰고 있다.

여기서 강조해 두어야 할 것은, 영계가 인간의 사고내용을 구성하는 소재와 완전히 똑같은 소재로 구성되어 있다는 점이다.(여기서 말하는 "소재" 또한 하나의 비유이다.) 단, 인간의 사고내용 속에 살아 있는 소재는 이 소재의 진정한 본성의 그림자이며 도식에 지나지 않는다. 벽에 투영된 사물의 그림자가 그 사물과 갖는 관계처럼, 인간의 머리에 떠오르는 사고내용은 이 사고내용에 대응하는 "영계"의 존재이다. 영적 감각이 눈을 뜰 때, 마치 우리의 눈이 책상이나 의자를 보는 것처럼 이 사고내용의 본성을 비로소 지각할 수 있게 된다. 눈을 뜬 사람 주변을 사고의 본성이 감싼다. 우리의 눈은 호랑이를 보고, 감각적 지각과 연결된 사고는 호랑이의 지각과 관련된 사고내용을 그림이나 그림자처럼 본다. 영적 눈은 "영계" 속에서 호랑이에 관한 사고내용을 눈으로 지각한 호랑이의 물질적 형상과 똑같은 정도로 생생하게 본다. 여기서도 영계를 위한 비유가 통용된다. 수술로 눈을 뜬 사람 앞에 세계가 새로운 색깔과 빛으로 나타나듯이, 영적으로 눈을 뜬 사람은 살아 움직이는 사고내용과 영들의 세계를 볼 수 있다.

물질계와 혼계에 존재하는 모든 사물이나 생물의 영적인 원래의 모습이 이 세계 속에 나타난다. 화가가 그림을 그리기 이전에 이미 그 마음 속에 그 그림의 구상이 존재한다는 것을 아는 사람이라면, 원래의 모습이라는 말이 비록 비유적 표현이라 하더라도 이해할 수 있을 것이다. 원래의 모습이 미리 존재하는 것이 아니라 그림을 그리는 과정에서 서서히 생겨나는 것이라 하더라도 여기서는 조금도 문제가 되지 않는다. 문제는 "영계" 속에 모든 사물의 원래의 상이 존재하고, 사물이나 생물의 물질적 존재 형태는 이 원래의 상에 대한 모상에 지나지 않는다는 것이다.

외적 감각만을 믿는 사람은 이러한 원상의 세계를 부정할 것이다. 그리고 원상이란 오성이 감각적으로 지각할 수 있는 사물을 비교하면서 만들어낸 추상 개념이라고 말할 것이다. 왜냐하면 이런 사람은 고차적 세계를 지각하지 못하고 있고, 사상의 세계를 추상적인 도식으로 이해하고 있기 때문이다. 이런 사람은 그 자신이 개나 고양이를 지각하는 것과 같은 생생한 느낌으로 견령자가 영의 존재를 지각한다는 것도, 원상의 세계가 감각적 물질적 세계보다 훨씬 더 현실성을 띤다는 사실도 모르고 있다.

그렇지만 영계의 광경은 처음에는 혼계보다도 혼란스럽게 보인다. 왜냐하면 원상의 진실된 모습은 그 감각적 모상(模像)과는 전혀 다르기 때문이다. 원상의 그림자인 추상적 사고내용 또한 원상과는 너무도 다르다.

영계에서는 모든 것이 끊임없이 움직이고 있고, 그칠 줄 모르는 창조활동을 계속하고 있다. 물질계에 존재하는 휴지나 정체는 존재하지 않는다. 왜냐하면 창조하는 본성이 원상이기 때문이다. 원상은 물질계와 혼계에 일어나는 모든 것의 창조자이다. 원상의 형태는 급속히 변화한다. 어떤 원상에도 무수한 특수형태를 취할 가능성이 있다. 특수형태를 자기 자신 속에서 뿜어낸다. 원상은 어떤 형태를 만들어내다가도 금방 다른 형태를 창출한다. 그리고 어떤 원상과 다른 원상 사이에는 많건 적건 친밀한 관계가 있다. 그것들은 고립하여 작용하지 않는다. 창조활동을 위해 서로 협력한다. 혼계와 물질계 속에 특정한 존재가 생겨나기 위해서는 무수한 원상이 공동 작업을 벌여야 한다.

"영계" 속에는 "영시" 되는 것 외에도 "영청"의 대상으로서 고찰되어야 할 다른 원상이 존재한다. "견령자"가 혼계에서 영계로 올라가면, 이윽고 그 지각된 원상은 울려 퍼지게 된다. 이 "울림"은 순수하게 영적인 사실이다. 그것은 물질계의 소리와는 전혀 다르게 이해되어야 한다. 그것을 체험하는 사람은 소리의 바다 속에 있는 듯이 느낀다. 그리고 이 음향, 이 영적 울림 속에서 영계의 정령들이 자기를 이야기한다. 이 음향의 화성과 리듬과 선율의 어울림 속에서 그들 존재의 원칙, 상호관계, 친화성이 명료히 드러난다. 물질계 속에서는 오성이 법칙이나 이념으로 인정하는 것이 "영적 귀"에는 영적 음악으로 표현된다.(피타고라스 학파가 영계의 이러한 지각내용을 "천체음악"이라 이름지은 것도 이 때문이다. "영적 귀"를 가진 자에게 "천체음악"은 추상적이거나 우의적인 것이 아니라 하나의 영적 현실이다.) 이 "영적 음악"에 관한 명확한 개념을 얻으려면 "육체의 귀"로 듣는 감각적 음악에 대한 모든 관념을 버려야 한다. 여기서는 그야말로 "영적 지각"이 문제이며, "감각적 귀"에게는 침묵에 지나지 않는 지각이 문제가 되므로. 그러나 "영계"를 간단히 기술할 필요성에 따라 앞으로는 "영적 음악"에 대해서는 언급하지 않기로 하겠다. 따라서, "형상"으로서 "빛나는 것"으로 묘사되는 것은, 동시에 "음향을 발하는 것"이기도 하다. 색과 빛을 지각할 때, 영적인 소리가 동시에 들려온다. 여러 색이 결합되면서 동시에 화음과 선율이 들려오는 것이다. 또한 음향이 지배하는 곳에서도 "영적 눈"의 지각활동은 그치는 법이 없다. 어떤 경우에도 이런 사실을 잊어서는 안 된다. 다시 말해, 울림에는 늘 빛남이 대응한다. 따라서 "원상"에 대해 말할 때는 "원음"에 대해서도 고려해야 한다. 비유적으로 "영적 미각"과 같은 지각내용에 대해 말할 때도 마찬가지이다. 그러나 여기서는 이런 일들을 깊이 고찰할 수는 없다. 지금 당장 우리에게 필요한 것은 "영계"란 무엇인가에 대해, 영계 전체 속에서 추출된 몇 종류의 지각내용을 기반으로 하나의 관념을 불러일으키는 일이다.

다양한 종류의 원상을 서로 구별할 수 있어야 한다. "영계"에서도 올바르게 위치를 설정할 수 있도록 특정한 단계 또는 영역을 분류하지 않으면 안 된다. 개개의 영역은 "혼계"의 경우와 마찬가지로, 여기서도 층을 이루고 뚜렷한 상하로 구별되는 것이 아니라 상호 침투하고 뒤섞여 있다. 최초의 영역에는 물질계 속의 무생물의 원상이 존재하고 있다. 광물의 원상, 나아가 식물의 원상도 찾아 볼 수 있는데, 그 경우는 생명이 고려되지 않는 순수 물질적인 식물의 원상이다. 여기서 동물이나 인간의 물질적 형태와도 만난다. 이 영역에 존재하는 것은 앞으로 묘사하는 것만으로 설명이 다 된 것은 아니다. 다만 명백한 예를 들어 설명한 데에 지나지 않는다.

이 영역이 "영계"의 토대를 이루고 있다. 그것은 지구상의 육지에 비교될 수 있는 "영계"의 대륙 부분이다. 이 영역과 물질계의 관계는 비유적으로 밖에 말할 수 없다. 이 관계에 대해서는 다음과 같이 생각함으로써 하나의 관념을 얻을 수 있다. 어떤 한정된 공간에 모든 종류의 물체가 들어 있다고 하자. 지금 마음 속에서 이러한 물체는 지워버리고, 그것들이 점령하는 공간에 그러한 형태가 남긴 허공을 생각해 보자. 한편, 그때까지 아무것도 존재하지 않았던 공간 부분이 제거된 물체들과 다양한 관계를 가지는 모든 형태로 가득 채워져 있다고 생각해 보자.

원상 세계의 최하위 영역은 거의 이런 양성을 띠고 있다. 거기에는 물질계 속에서 형태를 가지고 있는 사물이나 생물이 "허공"으로 존재하고 있다. 그리고 이 허공을 둘러싸는 공간 속에서는 원상(그리고 "영적 음악")이 활발하게 움직이고 있다. 물질계의 이러한 허공에는 물질 소재가 가득 차 있었다. 눈과 영적 눈을 동시에 작용시키는 공간을 관찰한다면 물체의 존재와 동시에 물체와 물체 사이에 창조하는 원상이 활발히 움직이는 양상도 보게 될 것이다.

"영계"의 제2영역에는 생명의 원상이 존재하고 있다. 그러나 생명은 이 영역 속에서 하나의 통일체를 이루고 있다. 그것은 액체성분으로서 영계의 모든 곳으로 흘러 마치 혈액처럼 모든 곳에 이른다. 그것은 지구의 바다나 호수, 강과 같은 부분이라고도 할 수 있다. 그러나 물론 그 분포 방식을 보면 바다나 강보다는 동물의 몸에 흐르는 혈액에 가깝다. 사고내용을 소재로 한 유동하는 생명, 우리는 "영계"의 이 제2영역을 그렇게 부를 수 있을 것이다. 이 유동하는 생명이라는 활동영역 속에 물질적 현실에서 생명 있는 존재로 나타나는 모든 것의 근원적 창조력이 존재하고 있다. 이 영역 속에서 일체의 생명의 하나의 통일체이며, 인간 생명도 그 외의 일체의 생명과 동질적이다.

"영계"의 제3영역은 일체의 혼을 가진 것들의 원상이 문제가 된다. 이 영역은 앞서 말한 두 개의 영역보다 더 섬세하다. 비유적으로 그것을 "영계"의 대기권이라 표현할 수 있겠다. 물질계나 혼계에서 혼의 모든 활동은 이 영역에 그 영적 대응물을 가지고 있다. 일체의 감정, 본능, 정념은 영적인 존재방식으로 이 영역 내에 나타난다. 이 영계의 대기권에서 일어나는 기상상황은 물질계나 혼계에서 느끼는 생물의 고통과 기쁨에 상응한다. 인간의 혼이 가지고 있는 동경은 미풍처럼 나타난다. 발작적인 격정은 폭풍처럼 나타난다. 이 영역의 관찰에 정통한 사람은 어떤 생명체의 울부짖음도 깊이 느낄 수 있다. 예를 들면 번개와 천둥을 동반하는 격렬한 뇌우를 본다고 하자. 그럴 경우, 사태를 보다 정확히 파악하면, 지상의 전장에서 일어나는 다양한 정념이 이러한 "영적 악천후"로 표현된다는 것을 알 수 있다.

제4영역의 원상은 물질계와 혼계와는 직접적인 관계가 없다. 이 원상은 어떤 점에서 하부 3영역의 원상을 통솔하고, 상호 연계를 가능하게 하는 본성이다. 따라서 그들은 하위의 3영역의 원상에 질서를 부여하고, 구분하는 일에 종사한다. 때문에 이 영역은 하위의 3영역보다도 포괄적인 역할을 맡고 있다.

제5, 제6, 제7영역은 지금까지 말한 영역과는 본질적으로 다르다.

왜냐하면 이러한 영역의 본성들은 하위 영역들의 원상에 원동력을 제공하기 때문이다. 원상의 창조력 그 자체가 그들 속에 존재하고 있다. 이 고차적 영역으로 올라 간 사람은 우리 세계의 근저에 존재하는 "의도"(이 용어도 비유적으로 사용한 것이다. 앞에서도 말한 언어표현상의 어려움 때문에 어쩔 수 없이 사용하였다.)를 알 수 있게 된다. 여기서도 사고존재로서 다양한 형식을 가지고 있는 원상이, 살아있는 배아로 존재한다. 이 배아가 하위의 영역으로 옮겨가면 부풀어올라 다양한 형태를 드러낸다. 물질계에서 인간정신이 가지는 창조성의 원천은 이념이다. 그 이념은 고차 영역에서 이러한 씨앗 상태로 존재하는 사고의 그림자이며 잔영이다.

"영적 귀"를 가진 관찰자가 "영계"를 저차원 영역에서 고차원 영역으로 상승하면, 어떻게 음향이 "영적 언어"로 전환되는지를 알 수 있다. 그는 "영적 언어"를 듣게 되고, 사물과 생물의 본성을 음악으로서 뿐만 아니라 "언어"로서 배울 수 있게 된다. 그러한 본성은 영학에서 말하는 자신들의 "영원한 이름"을 그에게 고한다.

여기서 반드시 알아야 할 것은 이와 같은 사고의 씨앗이 합성된 것이라는 사실이다. 사고세계의 성분으로부터 배아가 추출된다. 그리고 이 배아가 본래의 생명의 핵을 감싸고 있다. 이 생명의 핵과 함께, 우리는 "세 가지 세계"의 한계에 도달할 수 있다. 왜냐하면 이 핵은 세 가지 세계보다도 훨씬 더 고차적 세계에서 유래하기 때문이다. 전장에서 인간을 그 구성부분에 따라 기술할 때, 인간 생명의 핵을 "생명령" 또는 "영 인간" 으로 불렀다. 인간 이외의 세계(우주) 존재에게도 같은 생명 핵이 존재한다. 이러한 핵은 보다 고차적 세계에서 유래하고, 자기의 사명을 달성하기 위해서 이 세 가지의 세계로 옮겨진 것이다.

이제 죽은 다음, 다시 태어나기까지 인간의 영이 영계에서 어떤 편력을 하는지 말해야겠다. 그러면 "영계" 의 상태와 특징이 다시 한 번 명료해질 것이다.

4. 사후의 영

인간의 영은 새로 태어나는 과정에서 "혼계" 를 편력하고 "영계" 로 들어 가 새로운 육체를 얻을 때가 오기를 기다린다. 왜 이런 "영계" 에 머무는가를 이해하려면 윤회전생의 의미가 올바로 해석되어야 한다. 이 세상에 태어난 인간은 물질계에서 창조적 활동을 한다. 그는 물질계의 영적 존재로서 창조활동을 하며 살아간다. 인간은 자신의 영이 고안하여 형성한 것을 물질 형태와 소재와 그 힘 속에 새겨 넣는다. 그는 영계의 사자로서 영을 물질계에 동화시킨다. 인간은 육체를 가지고 있기에 물질계에 작용할 수 있다. 그는 육체를 도구로 사용하지 않으면 안 된다. 그렇게 해야 물체를 통하여 물체에 작용할 수 있고, 물체도 그에게 작용할 수 있다. 그렇지만 인간의 육체적 본성에 작용하는 것은 영이다. 물질계에서 작용하려는 의도, 방향성 모두 영으로부터 오는 것이다.

그러나 영이 육체 속에서 작용하는 한 영의 진정한 모습으로 존재할 수 없다. 물질존재의 베일을 통하여 빛을 발할 수 있을 따름이다. 인간의 사상생활은 영계에 속해 있다. 그러므로 물질적 존재 속에서 행해지는 사상생활은 진정한 모습이 아니다. 육체를 가진 인간의 사상생활은 그것이 본래 속해 있는 영적 존재의 영상이며 반영이다.

이렇게 물질생활을 하는 영은 육체를 기초로 하여 지상의 물체세계와 서로 작용한다. 윤회전생을 거듭하면서 물체 세계에 작용을 가하는 것이 인간의 영이 가진 사명의 하나라 하더라도, 육체 존재에 머무는 한 인간의 영은 그 사명을 다할 수 없을 것이다. 왜냐하면 마치 주택 설계가 건설 현장에서 일하는 사람들이 만든 것이 아님과 마찬가지로 지상의 과제와 의도와 목표는 이 세상에 태어난 후에 획득된 것이 아니기 때문이다. 설계가 건축가의 사무실에서 완성되듯이, 지상의 생활 목표와 의도는 "영들의 나라에서" 형성된 것이다.

인간의 영은 죽을 때마다 이 영들의 나라에서 살아가야 한다. 거기서 새로이 이 세상에 태어나 할 일을 가지게 되기 때문이다. 건축가가 벽돌이나 시멘트를 사용하지 않고 자신의 사무실에서 건축학이나 그 외의 법칙에 따라 설계도를 작성하듯이, 인간의 창조활동의 건축가인 영 또는 고차의 자아는 "영계" 속에서 영계의 법칙에 따라 능력을 보유하고 목표를 설정하여 지상세계를 위해 일한다. 육체에 깃든 인간의 영은 반복해서 자신의 세계(영계)에 머물지 않으면 이 세상의 현실 속에서 영적 존재일 수 없을 것이다.

인간은 이 세계의 무대에서 물질의 성질과 힘을 배운다. 이 무대 위에서 창조활동을 하면서, 물질계가 자신에게 무엇을 요구하는지, 경험을 축적한다. 그리고 자신의 사상과 이념을 구체화하기 위한 소재의 성질을 배운다. 사상이나 이념 그 자체는 소재에서 흡수될 수 없다. 이렇게 지상세계는 창조의 장인 동시에 학습의 장이기도 하다. "영계"에서는 이 학습의 성과가 영의 활발한 능력으로 변화된다. 문제를 명백히 하기 위해서 비교를 계속해 보자. 건축가는 설계를 한다. 이 설계가 시공으로 옮겨지는 동안 그는 수많은 경험을 한다. 이 모든 경험은 그의 능력을 고양시킨다. 그가 다음 설계를 행할 때, 이 모든 경험이 활용된다. 때문에 이 제2의 설계는 제1의 것과 비교할 때, 시공 때에 습득한 풍성한 경험을 나타낸다. 똑같은 일이 윤회전생을 거듭하는 인생의 과정에 대해서도 일어난다. 죽음에서 다음 생에 이르는 기간 동안, 영은 자기 고유의 영역에서 살아간다. 그리고 그동안은 영적 생활 속에 몰두할 수 있다. 영은 몸적 본성에서 해방되어 모든 방향으로 자기를 형성해 나가고, 그리고 생전의 지상 경험들을 이 형성 속에 작용시킨다. 때문에 사후의 영은 늘 자신의 과제를 달성해야 할 지상으로 향하고 있으며, 자신의 활동영역이 될 지구의 필연적 발전과정을 따라 간다. 영은 이 세상에 태어날 때마다 그 시점의 주변 환경에 적응하여 힘을 다할 수 있는 마음가짐을 갖는다.

이와 같은 서술은 인간의 윤회전생에 대한 일반적인 관념에 지나지 않는다. 그리고 현실과 이 관념은 결코 완벽하게 일치하지 않는다. 사정에 따라서는 전세보다도 현생이 더 불완전할 수도 있다. 그러나 전체적으로 볼 때, 윤회전생을 거듭하는 인간에게 이러한 불규칙적인 일은 일정한 범위 내에서 조정된다.

"영계"에서 영의 성숙은 그런 영역들의 사정에 통달함으로써 달성된다. 영 고유의 활동은 자신에게 알맞은 방식으로 여러 영역에서 경험을 쌓아 가는 동안 그 영역들의 활동과 융합한다. 영은 그때마다 그런 영역의 각기 다른 성격을 익힌다. 그 결과, 이러한 영역의 본질이 영의 본질 속에 침투되므로, 영의 본질은 이러한 영역의 본질에 의해 강화된다. 그래서 지상에서 새로운 활약이 가능한 것이다.

"영계"의 제1영역에서 인간은 사물의 원상에 둘러싸인다. 이 세상의 생활에서는 사고를 통하여 이러한 원상의 그림자만을 알 수 있다. 지상에서는 단순히 상상만 가능했던 것이 이 영역에서는 실제로 체험된다. 이 영역에서 인간은 사고내용 속을 편력한다. 그러나 그 사고내용이라는 것은 현실적으로 살아있는 존재이다. 지상생활에서는 감각으로 지각되는 것이 여기서는 사고내용의 형식으로서 그에게 작용해 온다. 게다가 그 사고내용은 사물의 배후에 숨은 그림자로 나타나는 것이 아니라, 사물을 산출하는 생명으로 가득 찬 현실로 다가온다. 간단히 말해 인간은 지상의 사물을 형성시키는 사상의 공장 같은 곳에 있다. 왜냐하면 "영계"에서는 모든 것이 생명으로 가득 찬 활동이기 때문이다. 여기서 사상세계는 창조하고 형성하는 살아 있는 존재의 세계이다. 우리는 여기에서 지상에서 체험한 것이 어떻게 형성되는가를 본다. 육체를 가진 인간이 감각적 사물을 현실로 체험하는 것처럼, 지금 영으로서의 인간은 영을 형성하는 힘들을 하나의 현실로 체험한다. 영계의 사고 존재 속에는 그 자신의 육체적 본성에 해당하는 사고내용 또한 존재한다. 우리는 이 육체적 본성을 떠난 자신을 느낀다. 영적 존재만이 자신에게 속해 있음을 느끼는 것이다. 그리고 자신의 죽은 몸을 물질로 보지 않고, 마치 기억을 떠올리듯이 사고 존재로 볼 때, 그 몸은 우리 눈앞에 명백히 외부에 존재하는 것으로 나타난다. 그때 우리는 자신의 육체를 외계에 속하는 물질로 고찰하는 법을 배운다. 이제 더 이상 자신의 육체적 본성을 자아와 친화적인 것으로 생각하지 않는다. 따라서 그것을 외계의 다른 사물과 구별하려 하지 않게 된다. 이 세상을 살아가던 육체를 포함한 외계 전체에서 어떤 통일성을 느끼게 된다. 자신이 살아가던 신체도 주위 세계와 하나로 융합된다. 이렇게 물질적 신체적 현실의 원상들을, 그 자신이 거기에 속해 있던 통일체로 바라봄으로써 사람은 환경과 자신의 친화와 통일을 배워 간다. 우리는 자신을 향하여, 지금 내 주변에 펼쳐지고 있는 것이 예전에는 나 자신이었다는 사실을 배운다.

이것은 고대 인도의 베단타의 예지의 근본사상과 같다. “현자”는 이 세상 생활에서 다른 사람이 사후에나 체험하는 삼라만상과 나 자신의 동일하다는 사상을 이미 가지고 있다. 이 사상은, 지상에서는 사고생활의 노력 목표이지만 “영들의 세계”에서는 영적 경험을 통하여 뚜렷이 알 수 있는 직접적인 사실이다.

그리고 우리는 이 영계 속에서 자신이 본질적으로 바로 거기에 속해 있음을 의식하게 된다. 자신이 영들 속의 영이며, 원령(原靈)의 하나임을 지각하고, 그리고 “나는 원령이다”라는 원령의 말을 듣는다.(베단타의 예지가 말하는 “나는 브라흐만이다”라는 것은, 나라는 존재가 삼라만상을 가능하게 하는 그 원 존재의 한 갈래임을 뜻한다.)

지상생활에서는 모든 예지의 목표가 그림자 같은 사상으로 파악된다. 그러나 “영계”에서는 그것을 직접 체험할 수 있다. 다시 말해, 영적 존재에게 그것이 하나의 사실이기 때문에 지상생활 속에서 사고될 수 있는 것이다.

이렇게 인간이 영적으로 존재할 수 있을 때, 지상생활의 상황을 고차적 견지에서, 즉 바깥에서 바라 볼 수 있다. 그때 “영계”의 최하위 영역에 있는 인간은 물질적 신체적 현실과 직접 관계를 가지면서 지상적 상황과 마주한다.

인간은 이 세상에서 가족이나 민족의 일원으로 살아간다. 그는 정해진 토지에서 생활한다. 인간의 지상생활은 이러한 조건들로 규정된다. 이 세상의 상황이 명하는 대로 친구를 사귀고 특정 직업에 종사한다. 이 모든 것에 의해 인간의 생활 상황이 규정된다. 이 모든 것은 "영계"의 최초 영역에서 살아있는 사고 존재로 나타난다. 인간은 이 모든 것을 일정한 방식으로 활동하는 영의 입장에서 다시 체험하게 된다. 그가 품었던 가족 사랑이나 우정은 그의 내면에서 되살아나고 그 능력이 강화된다. 인간 정신의 내부에서 가족 사랑이나 우정의 힘으로 움직이고 있는 것이 강화되는 것이다. 따라서 그는 이 능력에 있어서 보다 완전한 인간이 되어 지상에 다시 태어날 것이다.

"영계"의 최하위 영역에서 이룰 수 있는 성과는 지상생활의 일상과 관련된 것이다. 오로지 일상적 상황에 몰두해 온 영적 부분은 죽음에서 재생에 이르는 영계생활의 주요 기간 중에 이 영역에 친근감을 가지게 된다.

이 세상에서 함께 살아 온 사람들은 영계에서 다시 만난다. 육체를 통하여 획득한 모든 것이 혼에서 떨어져 나가듯이, 지상생활에서 혼과 혼을 하나로 이어주던 인연도 물질계에서만 의미와 효력을 가진 제약들로부터 벗어난다. 그러나 사후, 영계에서도 지상생활에서 혼과 혼을 이어주던 관련성은 존속된다. 물질적 상황을 표현하는 말은 영계에서 일어나는 일을 정확히 표현할 수 없다는 것을 전제해야 겠지만, 지상에서 함께 살아 온 혼들은 영계에서 다시 만나 예전의 공동생활을 영계에 맞는 방식으로 계속해 나간다.

제2영역은 지상의 일반적인 생명 현상이 사고 존재의 형태를 띠고 "영계"의 액체성분으로 흐르는 장소이다. 육체의 눈으로 세계를 관찰하면 생명은 생물체의 개별적 존재와 결합되어 있다. 그러나 영계에 이르면 생명은 개개의 생물체에서 분리되어 생명의 피로서 영계 전체를 순환한다. 그것은 영계의 모든 것 속에 존재하는 살아있는 통일체이다. 이 세상에서 우리는 그 존재를 언뜻 비쳐나는 정도로 인식할 수 있을 뿐이다. 그런 인식을 통해 우리는 이 세계의 전일성, 통일성, 조화에 대해 경외감을 품게 되는 것이다. 인간의 종교생활도 여기서 유래한다. 존재의 포괄적 의미가 무상한 개개의 사물 속에 있는 것이 아님을 우리는 안다. 그래서 우리는 그 무상한 것을 영원한 조화의 비유이며 영상이라 생각하는 것이다. 우리는 그 전체적 조화성, 통일성을 경외감으로 우러러 보며, 그 조화와 통일을 달성하기 위해 종교적 제사를 행하는 것이다.

그러나 "영계"에서는 언뜻 비쳐나는 영상으로서가 아니라 살아있는 사고존재로서 그 현실적 형상이 나타난다. 비로소 우리는 지상에서 숭배의 대상으로 삼았던 그 통일성과 진실로 하나가 된다. 종교생활과 관련된 모든 성과가 이 영역 속에서 나타난다. 영적 체험을 통해 개인의 운명과 공동체를 분리해서는 안 된다는 것도 배운다. 자신을 전체의 일원으로 인식하는 능력은 이 영역에서 형성되는 것이다. 종교적 감정들, 고귀한 도덕을 갈구하는 순수한 노력은, 영계의 중간 상태에 속하는 이 시기의 이 영역에서 힘을 얻는다. 그리고 인간은 이 방향을 따라 자신의 능력을 향상시켜 가면서 다시 이 세상에 태어날 것이다.

제1영역에서 인간은 생전에 이 세상의 인연으로 맺어졌던 혼들과 함께 하지만, 제2영역에서는 같은 신념 하에 하나로 결합되어 있다고 느껴지는 모든 혼들의 영역으로 들어간다. 여기서 강조해야 할 것은, 그가 이미 통과한 영역의 영적 체험은 다음 영역에서도 존속한다는 사실이다. 그러므로 우리는 제2, 제3의 영역에 들어간 다음에도 가족이나 친구와 같은 인연에서 벗어나 있지 않다. 모든 영역은 서로 침투되어 있다. 어떤 방법으로 새로운 영역에 들어왔기 때문에 전혀 새로운 영적 체험을 가지게 되는 것이 아니다. 이렇게 생각해야 한다. 그것은 새로운 내적 능력을 얻었기 때문에 여태 지각할 수 없었던 것을 지각할 수 있게 되었다고.

"영계"의 제3영역은 혼계의 원상을 포함하고 있다. 혼계에 존재하는 모든 것이 이 제3영역 속에서 살아 있는 사고존재로 나타난다. 욕망, 바램, 감정 등의 원상이 여기서 나타난다. 그러나 이 영역에서는 어떤 종류의 이기적 욕구도 그 혼에 부착되어 있지 않다. 제2영역의 생활과 마찬가지로 제3영역에서도 모든 욕망과 바램, 모든 쾌감과 불쾌감은 하나로 통일되어 있다. 타인의 욕망, 바램과 자신의 욕망, 바램이 구별되지 않는다. 대기가 지구를 감싸고 있듯이 모든 존재의 감정과 정서는 모든 것을 포함하는 하나의 공통 세계이다. 이 영역은 "영계"의 대기이다. 여기서는 지상 생활에서 사회를 위해, 이웃을 위해 무사무욕의 태도로 봉사할 때의 모든 행위가 결실을 맺는다. 왜냐하면 이러한 봉사에 의해 그 사람은 이미 이 세상에서 "영계"의 제3영역의 영상 속에 살고 있기 때문이다. 인류의 위대한 자선가, 헌신적 인물, 공동체에 큰 봉사를 한 인물은 전생에서 이 영역과 특별한 친화관계를 만들었고, 이 영역에서 그런 능력을 획득한 사람들이다.

"영계"의 3영역은 그 아래에 존재하는 혼계와 물질계와 특별한 관계를 가지고 있다. 왜냐하면 이 두 세계 형태와 혼의 원상인 살아있는 사고존재가 이 영역에 있기 때문이다.

"순수 영계"는 제4영역과 함께 시작된다. 그러나 이 영역 또한 아직 완전한 의미로 그렇지 않다. 제4영역은 하위의 3영역과 구별되는데, 그것은 3영역에서 만나는 것들이 인간이 물질계와 혼계에 간섭하기 이전에 이미 이 두 세계 속에 존재하고 있는 사물이나 생물과 결합되어 있었기 때문이다. 일상 생활은 처음부터 이세상의 사물이나 생물과 연관되어 있다. 이 세상의 무상한 사물은 인간의 눈을 영원한 세계의 근거로 향하게 한다. 인간이 진심으로 애정을 기울이는 부모형제들은 그 인간에 의해 존재하는 것이 아니다. 그러나 예술, 과학, 기술, 국가 등 인간 정신의 소산들은 모두 인간에 의해 이 세상에 존재하게 되었다. 세계에 대한 인간의 관여 없이는 인간 정신의 물질적 모상은 이 세계에 존재할 수 없다. 이러한 순수 인간적 창조물의 원상이 "영계"의 제4영역에서 발견된다.

이 세상에서 획득한 과학적 성과, 예술의 착상과 형식, 기술은 이 제4영역의 결실이다. 예술가, 학자, 대발명가는 "영계"에 머물고 있을 동안 이 영역에서 창조활동의 힘을 받아들여, 소질을 고양시킨 후 지상에 다시 태어나 인류문화의 발전에 기여할 수 있게 된 것이다.

그렇다고 해서 "영계"의 제4영역이 특별히 뛰어난 인물에게만 의미 있는 곳이라 생각할 필요는 없다. 모든 인간에게 의미를 가진다. 일상적 생활, 바램, 의욕의 영역을 넘어서 인간이 노력한 모든 것은 이 영역에서 비롯한다. 만일 인간이 죽음에서 재생에 이르는 사이에 이 영역을 통과하지 못했다면, 좁은 개인적 생활 공간을 넘어 보편적 · 인간적 것을 추구하는 마음이 일어나지 않을 것이다.

이 영역을 "순수 영계"라 부를 수 없다는 것은 이미 말했다. 왜냐하면, 예전에 살았던 시대의 문화상황이 사후의 이 영역에서 그의 영에 영향을 끼치기 때문이다. 이 영역에서는 자신의 소질이나 자신이 속하는 민족, 국가가 이룩한 업적만을 누릴 수 있다.

"영계"의 가장 고차적 영역에 이르면 인간의 영은 어떠한 지상적 속박으로부터도 자유로워진다. 인간의 영은 "순수 영계"에 이르렀을 때, 영계가 지상의 생활을 위해 세운 목표나 의도가 무엇인지를 체험할 수 있다. 지상에서 이미 실현된 것은 그 어떤 것도 최고의 목표와 의도의 무력한 모조품에 지나지 않는다. 아무리 아름다운 결정체, 수목, 동물의 형상이라도, 그리고 아무리 뛰어난 인간정신의 창조물이라 해도 모두 영이 의도하는 것의 모조품에 지나지 않는다. 그리고 인간은 거듭 이 세상에 태어나 완전한 의도와 목표의 불완전한 모조품과 관계한다. 나아가 그 인간 또한 수많은 윤회전생의 한 부분적 삶만으로는 영계가 의도한 인간의 모조품에 지나지 않는다. "영계"에 있어서 인간의 본래적인 영적 모습은 죽음과 탄생의 중간 상태에서 "영계"의 제5영역까지 상승했을 때 비로소 나타난다. 이 영역의 인간이야말로 본래의 인간 그 자체이다. 그것은 윤회전생을 거듭하면서 그때마다 외적 존재로 현현하는 자아의 진정한 모습이다. 제5영역의 진정한 자아는 모든 방향으로 마음껏 자유를 구가한다. 늘 새로이 이 세상에 태어나는 이 자아는 태어날 때마다 반드시 "영계"의 하위 영역에서 획득한 능력을 가지고 나타나며, 그것으로 인하여 전생에서 얻은 성과를 다음 인생 속에 이입시킬 수 있다. 자아는 지금까지 축적한 삶의 성과들을 가지고 있다.

따라서 "영계"의 제5영역을 살아가는 자아는 의도와 목표의 왕국에 있는 셈이다. 건축가가 작업현장에서 드러난 결함을 반성하고, 다음 작업에서 보다 완전을 기하듯이, 제5영역의 자아는 전생의 성과 가운데서 물질계와 혼계의 불완전한 부분을 제거하고, 그 경험을 통해 지금 자아가 살아가는 "영계"의 의도를 성숙시킨다.

자아가 이 영역에서 펴 올리는 힘은 자아가 생전에 목표의 세계 속에 가져오기에 합당한 성과를 얼마나 이룩하였느냐에 따라 결정된다. 생전에 활발한 사상생활과 통찰을 행하고 사랑에 넘친 행동으로 영의 의도를 실현시키려 했다면, 그 자아는 이 영역에서 많은 것을 얻을 권리가 있다. 일상적 상황 속에 매몰되어 오로지 무상한 사물 속에서만 살았던 자아는 영원한 우주질서의 의도에 어울리는 역할을 다할 씨앗을 뿌리지 못한 셈이다. 단지 일상적 이해관계를 넘어서 살아 온 소수의 자아만이 "영계"의 상위 영역에서 결실을 맺을 수 있다. "지상의 명성"을 얻는 것이 중요하다는 말이 아니다. 좁은 생활공간 속의 사소한 일들 속에서 생명의 영원한 생성발전의 의미를 발견하는 것이 문제이다. 이 영역에서는 이 세상과 평가 기준이 전혀 다르다는 것을 알아야 한다. 예를 들면 이 제5영역과 동질적인 영성을 조금만 소유하고 있는 사람에게는 내세의 운명(카르마) 속에 이 결함에 상응하는 결과를 가져 올 충동이 일어난다. 그 결과, 다음 인생에서는 고통스런 삶이 주어진다. 그가 아무리 고통스러워한다 해도 "영계"의 이 영역에 있을 때 그는 그것이 자신에게 가장 필요한 운명임을 느끼고 있었던 것이다.

제5영역의 인간은 본래의 자아로 살아가고 있으므로, 이 세상에서 그를 감싸고 있던 저차원의 모든 요소에서 벗어나 있다. 그는 윤회전생을 통하여 늘 동일한 존재였고, 앞으로도 동일한 존재일 것이다. 그는 지상생활을 위해 스스로가 자아 속에 내포시킨 의도에 따라 살아가고 있다. 그는 자신이 과거를 회고하며, 지금까지 체험해 온 것이 미래에 실현될 의도 속에 포함될 것임을 느낀다. 지금까지 살아 온 기억과 앞으로의 인생에 대한 예견적 전망이 일순 명백해진다.

본서에서 "영적 자아"라고 부르는 것은 이 영역에서 살아가고 있다. 제각기 발전 단계에 대응하여 나름대로 적합한 방식으로. 그렇게 하여 영적 자아는 성숙하고, 자신의 새로운 인생에서 지상의 현실 속에 영적 의도를 달성하기 위한 준비를 갖추는 것이다.

"영계"의 제영역에 머무는 "영적 자아"는 영계를 완전히 자유롭게 이동할 수 있을 때까지 성장하면, 이 영계에서 진정한 고향을 갈구할 것이다. 영적 생활은 지상의 인간에게 물질적 현실 생활이 그러했듯이, 영적 자아에게는 익숙한 것이다. 그때부터 영계의 관점은 의식적이든 무의식적이든 그 후의 지상생활의 기준이 된다. 자아가 스스로를 신적이며 우주질서의 한 갈래라고 느끼는 순간, 이미 지상의 제약과 법칙이 자아의 내적 본성을 침범할 수 없게 된다. 자아가 활동하는 힘은 모두 영계에서 온다. 또한 영계는 하나의 통일체이므로, 영계에 살아가는 사람은 영원한 것이 어떻게 과거에 창조를 행했는지를 알고 있다. 그리고 이 영원한 것을 기준으로 하여 자신의 방향성을 결정할 수 있다. 과거로 향하는 눈은 끝없이 확대된다. 이 단계에 도달한 사람은 내세에 수행할 목표를 스스로 설정한다. 그는 자신의 미래에 영향을 주고, 미래가 영적 의미에서 진실한 길을 걸을 수 있게 한다. 이런 사람은 죽음과 생의 중간상태에서 신적 예지를 직접 볼 수 있는 숭고한 신령들 앞에 서 있다. 그는 이러한 숭고

한 영들조차 이해할 수 있는 단계에 서 있는 것이다.

"영계"의 제6영역의 모든 행위를 우주의 진정한 실재에 맞게 해나갈 것이다. 왜냐하면 그는 모든 것이 우주질서의 순리에 맞게 이루어지기를 바랄 것이므로.

"영계"의 제7영역은 인간을 "세 가지 세계"의 끝까지 이끌어 간다. 인간은 이 영역에서 한층 고차적 세계에서 우주적 사명을 달성하기 위해 세 가지 세계에 이식된 "생명 핵"과 마주하게 된다. 세 가지 세계의 끝에 선 인간은 자기 자신의 생명 핵을 인식한다. 그렇게 하여 세 가지 세계에 대한 수수께끼가 풀리고, 그는 이러한 세계의 모든 흐름과 의미를 꿰뚫어 본다. 이 세상의 보통생활 속에서는 영계에서 이런 체험을 가진 혼의 능력은 의식되지 않는다. 이러한 능력은 무의식의 깊은 곳에서 물질계의 의식을 성립시키는 육체의 기관들을 작동시키고 있다. 왜 이러한 능력이 물질계에서 지각될 수 없는가 하는 이유가 바로 여기에 있다. 눈은 자신을 볼 수 없다. 왜냐하면 눈에는 다른 것을 가시화하는 능력이 작용하기 때문이다. 출생에서 죽음에 이르기까지 인생이 얼마나 전생의 성과를 나타내는가를 알 수 없는 것은, 지상생활 그 자체에 내재하는 관점이 이런 이해를 불가능하게 하기 때문이다. 왜 지상 생활이 고통스럽고 불완전한 것인가는 이 관점으로는 이해할 수 없다. 그렇지만 지상생활의 바깥에 서면, 이 모든 지상생활의 고통과 불완전성이 전생의 결과라는 사실을 알게 될 것이다. 본서의 마지막 장에서 다룰 인식의 좁은 길을 걸었을 때, 혼은 육체생활의 조건에서 해방된다. 그것을 통하여 혼은 죽음과 탄생 사이에서 체험하는 일들을 하나의 상으로 지각할 수 있다. 이러한 지각이 지금 여기서 논하는 "영계" 의 진실을 기술하게 해주었다. 혼의 전체적인 존재방식이 육체에 깃들 때와 순수한 영적 체험에 깃들 때와는 다르다. 이것을 잊으면 본서의 내용을 올바르게 이해할 수 없을 것이다.

5. 물질계 및 혼계, 영계와 물질계의 관계

혼계와 영계의 구성체는 외적인 지각 대상이 아니다. 감각적 지각 대상은 혼계, 영계와는 다른 세계이다. 인간은 신체적 존재일 때도 동시에 이 세 가지 세계 속에 있다. 그는 감각적 세계의 사물을 지각하고, 그 사물에 작용을 가한다. 혼계의 구성체는 공감과 반감을 통하여 그에게 영향을 끼치고, 그리고 그 혼도 애착과 반발, 바램과 욕망을 통하여 혼계 속에 파문을 던진다. 한편, 사물의 영적 본성은 그의 사고세계 속에 자신을 비추어내고 있고, 그 자신도 사고하는 영적 존재로서 영계의 시민이며 영계에서 살아가는 모든 존재와 동료라 할 수 있다.

따라서 감각적 세계는 인간을 둘러싼 환경의 일부분에 지나지 않는다. 인간의 전체적 환경 가운데서 이 부분만이 독립되어 있는 듯이 보이는 것은 이 부분만이 감각적으로 지각될 수 있고, 혼적이며 영적 부분은 지각되지 않기 때문이다. 수면 위의 얼음 덩어리가 물과 같은 성분이면서도 물로부터 독립되어 있듯이, 감각적 사물도 그 주위의 혼계, 영계와 같은 소재로 되어 있지만 감각적으로 지각될 수 없는 특정한 성질에 의해 그로부터 독립되어 있는 것처럼 보일 따름이다. 비유적으로 말해, 감각적 사물이란 농축된 혼적, 영적 존재이며, 그 농축이 있었기에 감각이 그것을 지각할 수 있게 되었다. 얼음이 물의 한 존재형식이듯이, 감각적 사물도 혼적 영적 구성체의 한 존재형식에 지나지 않는다. 이것을 이해할 수 있다면 물이 얼음으로 바뀌듯이, 영계가 혼계로, 그리고 이 두 세계가 감각세계로 바뀔 가능성을 이해할 수 있을 것이다.

이 관점에 서면 어떻게 인간이 감각적 사물에 대해 사고할 수 있는지도 밝혀진다. 사고하는 사람이라면 누구나 돌에 대한 사고내용과 그 돌 자체가 어떤 관계를 갖는가, 라는 의문을 가질 것이다. 그러나 영적 눈으로 외적 자연의 내부까지 깊이 통찰할 수 있다면, 이 의문은 저절로 풀릴 것이다. 왜냐하면, 인간의 사고세계와 자연의 구조, 조직과의 조화가 직관되기 때문이다. 위대한 천문학자 케플러는 이 조화를 아름다운 언어로 이야기하고 있다.

"인간에게 천문학을 배우라 명하는 신의 목소리가 우주 속에 기록되어 있다. 문자로 기록되어 있는 것이 아니라, 인간의 개념과 감각이 천체와 천체의 위치 관련을 알기에 가장 적합하다는 그 사실 자체에 깃들어 있다."

감각 세계의 사물들이 농축된 영적 본성이기 때문에 사고내용을 통하여 자신을 고양시켜 영적 본성을 직관하는 사람은 사고를 통해 사물을 이해할 수 있다. 감각적 사물은 영계에서 비롯한 영적 본성의 다른 형식에 지나지 않는다. 그리고 인간이 사물에 대한 사고내용을 만드는 것은 그의 내면이 이 사물의 감각적 형식으로부터 그 영적 원상 쪽으로 방향을 틀었음을 나타내는 일이다. 사고를 통하여 사물을 이해하는 작업은 고체를 가열하여 액체로 바꾸어 화학적 분석이 가능하게 하는 일과 비교될 수 있겠다.

감각적 세계의 영적 원상은 영계의 다양한 영역에 나타난다. 이러한 원상은 제5, 제6, 제7영역에서는 살아있는 배아로 존재할 따름이지만, 하위의 4영역에서는 영적 구성체로 자기를 형성한다. 사고를 통해 감각적 사물을 이해하는 인간의 영은 이러한 영적 구성체의 영상을 지각한다. 이 구성체가 어떻게 자신을 농축시켜 감각적 세계로 나아가는지, 그것은 외계를 영적으로 이해하려는 사람에게는 중요한 문제가 된다.

외계는 인간의 감각적 직관에 의해 네 가지 단계로 나뉘어진다. 광물적, 식물적, 동물적, 인간적 단계이다. 광물계는 감각에 의해 지각되고, 사고에 의해 이해된다. 광물에 대해 사고할 때, 우리는 감각적 사물이면서 사고내용이라는 이중적 존재에 관계한다. 그 감각적 사물을 농축된 사고존재로 생각하면 된다. 광물적 존재는 다른 것에 대해 외적인 방식으로 작용한다. 다른 것에 부딪쳐서 그것을 움직인다. 또는 그것을 가열하고 거기에 빛을 비추고, 그것을 용해하는 등. 이러한 외적 작용 방식은 사고내용을 통하여 표현될 수 있다. 우리는 어떻게 하여 광물이 외적 법칙에 따라 상호 작용하는가에 대한 사고내용을 만들 수 있다. 개개의 사고내용이 모여지고, 광물계 전체를 사고의 대상으로 할 때, 이 사고 상은 광물적 감각세계 전체를 나타내는 원상의 그림자가 된다. 그것은 영계에서 하나의 전체로 나타난다.

식물계는 사물이 사물에 가하는 외적 작용 외에, 자라고 번식하는 현상이 덧붙여진다. 식물은 자신을 기르고 자신과 똑같은 존재를 생산한다. 광물계에서 찾아 볼 수 없는 생명이 부가되어 있다. 이 사물을 솔직한 태도로 바라보면 하나의 지평이 열린다. 식물은 자기 자신에게 살아 있는 형태를 부여할 뿐만 아니라, 자신이 산출한 존재를 살아있는 형태로 만드는 힘을 가지고 있다. 광물계의 가스나 유동체처럼 특정한 형태를 가지지 않는 것과 살아 있는 식물 형태의 중간쯤에 위치한 것이 바로 광물의 결정체이다. 우리는 광물계의 결정체 속에서, 어떻게 특정 형태를 갖지 않는 광물계에서 식물계의 살아 있는 형성능력으로 전환되는지, 그 과정을 밝혀내야 한다.

이처럼 눈에 보이는 과정으로 나타나는 광물계나 식물계의 형성은 영계의 상위 3영역의 영적 배아가 하위 영역의 영적 모습을 형성해 가는 순수 영적 과정이 감각적으로 농축된 것이다. 결정 과정에 대응하는 영계의 원상은 형태가 없는 영적 배아가 남김없이 영적 모습으로 전환되는 과정이다. 이 과정이 농축되어 감각이 그 결과를 지각할 수 있을 정도가 되면, 거기에 감각세계의 광물 결정체가 나타나는 것이다.

그와 마찬가지로 식물의 생활 속에도 영적 배아가 형태로 변한 영적 모습이 존재한다. 그러나 그 영적 모습 속에는 여전히 살아있는 형성능력이 남아 있다. 결정체의 경우, 영적 배아는 그 결정화 과정 속에서 형성능력을 잃어버리고 만다. 영적 배아는 영적 모습 속에서 그 생명을 소진해버렸다. 그러나 식물은 형태를 가질 뿐만 아니라, 형성능력도 가지고 있다. 영계의 상위 영역에 있는 영적 배아의 성질이 여전히 식물의 생활 속에 유지되고 있는 것이다. 원 존재(영적 배아)가 가진 식물형태라는 형식 외에도, 상위 영역의 특징을 그대로 보유하고 있는 또 하나의 생산적 형식이 형태에 작용하고 있는 것이다. 그러나 인간은 이미 만들어진 형태 속에 생명을 소진해버린 형식을 통해서 감각적으로 식물을 지각한다. 이 형태에 생명력을 부여하는 형성하는 본성들은 감각적으로는 지각할 수 없는 방식으로 식물 내부에 존재하고 있다. 작은 백합꽃을 보고 잠시 후 좀 더 큰 백합을 보았다고 해도, 우리의 눈은 처음 본 작은 꽃과 큰 꽃의 형성력을 볼 수 없다. 이 형성력의 본성들은 식물계 속에서 감각적으로 인식할 수 없는 부분이다. 영적 배아는 형성계에 작용하므로 지하에 숨어 있는 셈이다. 여기서 영학에서 말하는 원소계가 문제로 부각된다. 아직 형태가 없는 원 형식을 제1원소계라 한다면, 식물 성장의 기술자로 활동하는 눈에 보이는 힘의 본성들은 제2원소가 될 것이다.

동물계에는 성장과 번식의 능력 외에 감각과 충동이 부가된다. 감각과 충동은 혼계의 표현이다. 이 존재는 혼계에서 인상을 받아들이기도 하고 혼계에 작용하기도 한다. 동물에서 찾아 볼 수 있는 감각이나 충동은 모두 동물의 혼 저 깊은 곳에서 이끌려 나온다. 형태는 감각이나 충동보다도 지속적이다. 변화하는 식물형태와 고정된 결정 형식의 관계는 감각생활과 보다 지속적인 생명형태의 관계에 상응한다고 할 수 있겠다. 식물은 형태를 형성하는 힘 속에 매몰되어 있다. 식물은 성장을 계속하는 한 늘 새로운 형태가 부가된다. 뿌리를 내리고 잎을 펼치고 꽃을 피운다. 거기에 비해 동물은 자기 완결적인 형태를 만들어내고, 그 정해진 형태 속에서 변하기 쉬운 감각생활과 충동생활을 한다. 그리고 이 생활은 혼계 속에 그 존재의 근거를 가진다. 식물이 자라고 번식하는 존재라고 한다면, 동물은 감각을 가지고 충동으로 움직이는 존재이다. 동물의 충동은 몰형상적이며 늘 새로운 형식으로 발전한다. 충동의 원상은 영계의 고차적 영역들 속에 존재하지만, 그러나 그 활동은 혼계 속에서 행해진다. 이렇게 동물계에는 성장과 번식을 주재하는 비가시적 힘의 본성들 외에 그보다 더 깊은 곳의 혼계에 있는 다른 본성들이 덧붙여진다. 그것은 동물계에 감각과 충동을 만들어내는 기술자이며, 혼의 의상을 입은 형태 없는 본성들이다. 이 본성들이야말로 동물적 존재형식의 형성자이다. 영학에서는 이 본성들이 속하는 영역을 제3원소계라 한다.

인간은 식물과 동물이 가지고 있는 능력 외에 감각을 표상과 사고내용으로 바꾸고, 충동을 사고력으로 통어하는 능력을 지니고 있다. 식물에서는 형태로 나타나고, 동물에서는 혼의 힘으로서 나타나는 사고내용은, 인간에 이르러서는 사고내용 그 자체로 나타난다. 동물의 본질은 혼에 있고, 인간의 본질은 영에 있다. 인간의 경우, 영적 본성이 보다 한 단계 낮은 곳으로 내려와 있다. 동물의 경우, 이 영적 본성은 혼을 형성한다. 인간의 경우, 감각적 소재 세계 속에 들어와 있다. 영은 인간의 감각체 속에 나타나 있다. 단, 그 영은 감각적 의상을 걸치고 있기에 사고내용이 영적 존재를 표현할 때의 저 그림자 같은 영상으로서만 나타난다. 영은 뇌 조직의 조건들을 통하여 인간 속에 나타난다.

그러나 그 대신에 영은 인간의 내면적 본성이 되어 있다. 사고내용은 어떤 특정한 형태가 없는 영적 본성이 식물에서는 형태가 되고, 동물에서는 혼이 되었듯이, 인간에게는 내적 본성이 되어 있는 것이다. 따라서 인간은 사고하는 존재인 한, 자신에게 작용하고 자신을 기르는 원소계를 자신 외의 어느 곳에서도 찾을 수 없다. 인간의 원소계는 그 육체 속에 작용하고 있다. 인간이 형태를 가지고 있고 감각을 가진 존재인 한, 식물이나 동물 속에 작용하는 것과 같은 종류의 원소적 핵심이 인간 속에 작용하고 있다. 그러나 인간의 사고기관은 완전히 인간의 육체 내부에서 형성된다. 인간의 영적 기관으로서 뇌의 단계까지 진화한 신경조직은, 식물이나 동물에게는 비감각적으로 작용하고 있는 어떤 힘의 본성이 가시적으로 활동하고 있는 모습이다. 동물이 자기감정을 드러내는 데 비해, 인간이 그보다 높은 단계의 자기의식을 나타내는 것도 그 때문이다. 동물의 경우, 영은 자신을 영이라 느끼지 못한다. 다만 혼으로 느끼며 살 뿐이다. 인간의 경우, 영은 자신을 영으로 인식한다. 설령 그 영이 육체라는 제약 때문에 영의 영상인 사고내용으로서의 영이라고 하더라도.

이런 의미에서 3가지 세계는 다음과 같이 구분된다.

1. 몰형상적인 원상적 존재계(제1원소계)
2. 형태를 창조하는 존재계(제2원소계)
3. 혼적 존재계(제3원소계)
4. 창조된 형태계(결정형태)
5. 감각적으로 지각될 수 있는 형태와 그 형태를 창조하는 존재가 함께 작용하는 영역(식물계)
6. 감각적으로 지각할 수 있는 형태와 그 형태를 창조하는 본성들

외에 혼적 생활을 하는 본성들이 작용하는 영역(동물계)

7. 감각적으로 지각할 수 있는 형태와 그 형태를 창조하는 본성들과 혼적 생활을 하는 본성들 외에 영 그 자체가 사고내용이라는 형식으로 감성계에 나타나는 영역(인간계).

이로서 우리는 몸적 존재로 살아가는 인간의 기본적 구성부분이 영계와 관련되어 있음을 알게 되었다. 육체, 에테르체, 아스트랄체, 감각적 혼체, 오성혼은 영적 원상이 감성계 속에 농축된 것이라 할 수 있다. 육체는 인간의 원상이 감각적 현상 수준까지 응축됨으로써 출현한다. 그러므로 인간은 감성계에서 가시적 수준까지 육체를 농축시킨 제1원소계의 본성이라 할 수 있다. 에테르체는 이렇게 하여 만들어진 형태가 감성계에 작용하는 비감성적, 비가시적 본성에 의해 생생하게 유지되기 때문에 생겨난다. 이 비감성적인 본성의 특질을 완전히 기술하려면, 그 근원이 영계의 최상위 영역에 있고, 그 제2영역 속에서 생명의 원상으로 형성되어, 그러한 원상으로서 감성계에서 작용하고 있다는 점을 먼저 생각해야 할 것이다. 감각을 가지는 혼체를 구축하는 본성도 그와 마찬가지로 영계의 최상위에 그 근원이 있고, 그 제3영역에서 혼계의 원상으로 형성되어 감성계에 작용하고 있다. 그러나 오성혼은 사고하는 인간의 원상이 영계의 제4영역에서 사고내용으로 형성되고, 직접 사고하는 인간 본성이 된 이 내용이 감성계에서 작용함으로써 생겨난다.

이러한 방식으로 인간은 감성계 내에 서 있고, 이러한 방식으로 영은 인간의 육체, 에테르체 및 감각을 보유한 혼체에 작용하고 있다. 이러한 방식으로 영은 오성혼 속에 나타난다.

그러므로 인간의 세 가지 하위 부분에 대해서 원상들은 어떤 의미에서 인간과 외적으로 대면하는 본성으로 작용한다. 그리고 오성혼에 있어서 인간은 자신에 대한 의식적 작용자가 된다.

그리고 인간의 육체에 작용하는 본성들은 광물적 자연을 형성하는 본성들과 동일하다. 인간의 에테르체에 작용하는 본성들은 식물계에 살아가는 본성들과 동일하며, 감각을 보유한 혼체에 작용을 가하는 본성들은 동물계에서 감각적으로 지각할 수 없는 방식으로 살아가면서 광물계, 식물계, 동물계에 모두 작용하는 본성들과 동일하다.

이러한 방식으로 다양한 세계가 함께 작용하고 있다. 인간이 살아가는 세계는 이런 공동작용의 표현이다.

감성적 세계를 이렇게 파악한 사람은 상술한 네 가지 자연계의 존재 이외의 본성들에 대해서도 이해할 수 있을 것이다. 이러한 본성들의 한 예로 민족령(민족정신)을 들 수 있다. 민족령은 감각적인 방식으로 직접 나타나지 않는다. 그것은 감성, 감정, 경향 등, 민족의 공통 부분으로 존재한다. 그것은 육체적 형상으로 나타나는 본성이 아니라, 혼계의 소재를 구사하여 자신의 몸을 혼체로 형성하는 본성이다. 민족령의 이 혼체는 구름처럼 민족 구성원 한 사람 한 사람을 감싸고 있다. 그리고 하나 하나의 혼은 이러한 혼체의 구름에 영향을 받고 있다. 그러나 이 구름은 하나 하나의 혼으로부터 발생하는 것이 아니다. 이렇게 생각하지 않으면 민족령은 본질과 생명이 빠진 도식적 관념상, 하나의 공허를 추상화한 것에 지나지 않을 것이다.

시대령(시대정신)에 대해서는 같은 말이 가능할 것이다. 우리 주위에 살아 숨쉬는 눈에 보이지 않는 그 외의 다른 고차원적이고 저차원적인 본성들도 이러한 관점에서 바라 볼 때 비로소 영적 전망을 가진다. 그러나 직접 영시하는 능력을 가진 사람이라면, 이러한 존재를 지각하고 묘사할 수 있다. 견령자가 불의 정령, 바람의 정령, 물의 정령, 땅의 정령으로 묘사하는 것은 모두 저차원의 본성들이다. 당연히 이러한 묘사는 그 기초가 되는 현실을 묘사하는 것이 아니다. 만일 모사에 지나지 않는다면 그것이 의미하는 세계는 영적 세계가 아니라, 조잡한 감각적 세계가 되어버릴 것이다. 이러한 표현들은 영적 현실을 밝히기 위한 방편으로 비유를 사용한 것이다. 감각적 현실만을 인정하는 사람이 이러한 본성들을 혼란스런 환상과 미신의 산물로 치부하는 것은 당연하다. 그것은 감각적으로 지각될 수 있는 형체가 없으므로 당연히 눈에 보이지 않는다. 미신이란, 이러한 존재를 현실적으로 존재한다고 생각하는 태도가 아니라, 그러한 것들이 감각적으로 나타난다고 믿는 태도를 두고 하는 말이다.

이러한 형태의 본성들이 우주 구성에 참여하고 있다. 육체적 감각에 대해 닫혀 있는 고차 영역에 들어가면, 우리는 즉시 이런 존재들을 만나게 된다. 이러한 표현 속에서 영적 현실의 비유를 발견하는 사람은 미신가가 아니다. 비유적으로 표현한 이러한 상이 감각적으로 실재한다고 믿는 사람이나, 그 감각적 실재를 부정해야 한다는 신념 때문에 영의 존재마저 부정하는 사람이 바로 미신가이다.

혼계까지 하강하지 않고 그 외피가 영계의 소재만으로 짜여진 본성들에 대해 말해 둘 필요가 있다. 영적 눈으로 보고 영적 귀로 들을 때, 우리는 그들 존재를 지각하고 그들 존재와 친구가 될 수 있다.

영적 눈으로 보고 영적 귀로 들으면, 아무것도 모르고 망연히 그 앞에 서 있을 수밖에 없었던 많은 것을 이해할 수 있게 된다. 그의 주위에는 빛이 밝혀진다. 그는 감각적 세계 속에서 일어나는 일들의 원인을 이해한다. 영적 눈 없이는 부정할 수밖에 없는, 또는 "이 세계에는 그대들의 학교의 지혜가 꿈꾸는 것보다 더 많은 일들이 있다" 라는 말로 만족할 수밖에 없는 그런 일들을 그는 이해한다. 영적 감수성이 뛰어난 사람은 자신의 주위에서 감각적 세계와는 다른 세계를 예감하거나 어렴풋이 지각하면서 불안에 사로잡히거나, 눈먼 사람처럼 더듬거리며 앞으로 나아갈 수밖에 없다. 존재의 고차적 영역을 명료히 인식하고, 이해력을 가지고 거기서 일어나는 현상 속으로 들어가야만 진정한 확신을 가질 수 있으며, 진정한 사명을 자각하게 된다. 감각으로 인식할 수 없는 일들을 통찰함으로써 인간은 자기 존재를 확대한다. 그 결과, 확대되기 이전의 생활이 그에게 마치 "세계에 대한 꿈"을 꾼 것 같은 느낌을 주게 되는 것이다.

6. 사고형태와 인간의 아우라

세 가지 세계의 존재형태는 그 세계를 인식할 수 있는 능력과 지각기관이 없는 사람에게는 현실성이 없다. 건전한 시력을 갖지 못한 사람은 공간상의 어떤 사물을 빛의 현상으로는 지각할 수 없다. 현실적으로 존재하는 것을 얼마나 선명히 지각하는가는 그 사람의 감각 능력에 달려 있다. 결코 지각할 수 있는 것만이 현실적으로 존재한다는 것은 아니다. 지각기관이 없어서 지각할 수 없는 많은 것이 현실적으로 존재하기 때문이다.

혼계와 영계는 감각계와 마찬가지로, 아니 그보다 훨씬 더 고차적 의미에서, 현실적으로 존재한다. 눈이 감정이나 관념을 볼 수 없어도 이러한 현실은 존재한다. 그리고 인간이 외적 감각을 통하여 물체계에 대한 지각내용을 가지듯이, 영적 기관을 통하여 감정, 충동 본능, 사고 등도 지각내용으로 삼을 수 있다. 예를 들면 눈이 공간상의 사물을 색채현상으로 볼 수 있는 것과 마찬가지로 내적 감각은 혼적, 영적 현상에서 색채를 느끼는 것과 같은 지각내용을 가질 수 있다. 이것이 어떤 의미를 가지는가는 다음 장의 인식의 좁은 길을 통하여 내적 감각을 개발한 사람만이 완전히 이해할 수 있다. 사람에 따라, 그 자신을 둘러싼 혼계의 현상과 영계의 현상을 초감각적으로 볼 수 있다. 타인의 감정은 빛을 발한다. 주의를 기울여 관찰하면 영적 공간을 뚫고 흐르는 사고내용이 보인다. 또는 다른 사람에 대해 품는 사고내용도 지각할 수 있다. 사고내용 그 자체는 사고하는 사람의 혼 속에서만 살아가는 것이 아니다. 그 내용은 영계에 작용한다. 그리고 그 작용이 영적 눈에 지각 가능한 사상(事象)으로 나타난다. 사고내용은 어떤 사람의 본성에서 일어나 다른 사람의 본성 속으로 흘러 들어간다. 그리고 이 사고내용이 다른 사람의 사고내용에 작용하는 방식은 영계의 사상으로서 체험될 수 있다. 이렇게 영감이 열린 사람의 눈에 비치는 몸은 인간의 전체 가운데 일부분이며, 혼적, 영적 흐름의 중심에 위치하는 한 부분에 지나지 않는다. "견자" 앞에 펼쳐지는 혼과 영의 다양한 모습은 다음과 같이 암시될 수 있을 것이다. 듣는 사람에게 지적으로 이해된 말하는 사람의 사고내용은 영적 색채현상으로 나타난다. 그 색은 사고내용의 성질에 따른다. 관능적 충동에서 나온 사고내용은 순수한 인식, 고귀한 미, 영원한 선을 지향하는 사고내용과는 다른 색조를 띤다. 관능적 생활에서 나온 사고내용은 붉은 색조로 혼계에 침투되어 있다.

사색하는 사람을 고차적 인식으로 끌어올리는 사상은 아름답고 밝은 황색으로 나타난다. 귀의하는 감정으로 가득 찬 사랑은 멋진 장미색으로 빛난다. 이러한 사고내용과 함께, 사고내용이 얼마나 명석한가도 초감각적으로 나타난다. 사상가의 엄밀한 사고내용은 뚜렷한 윤곽을 가진 형태를 나타내고, 혼란스런 관념은 구름처럼 모호한 형태로 나타난다.

그리고 인간의 혼과 영의 본성도 인간 존재 전체의 초감각적 부분으로서 이러한 방식으로 나타난다.

"영적 눈"이 지각하는 이러한 색채 현상이 바로 인간의 아우라이다. 그것은 살아있는 인간의 몸 주위에서 빛나고 있고, 그 신체를 날갈 모양의 구름처럼 감싸고 있다. 아우라의 크기는 사람에 따라 다양하다. 그러나 평균적으로 신장의 두 배에서 네 배의 폭을 가진다.

아우라에는 매우 다채로운 색채가 흐리고 있다. 그리고 이 흐름은 인간의 내면생활을 충실히 비춰내고 있다. 인간의 내면생활이 그러하듯이 아우라 개개의 색조 또한 다양한 변화를 나타낸다. 그렇지만 특정한 영속적 성질, 즉 재능이나 관습이나 성격은 변화하지 않는 기본 색조를 띤다.

이 책의 마지막 장에서 논하게 될 "인식의 좁은 길"의 체험과 전혀 무관한 사람은 여기서 말하는 "아우라"의 본성을 오해할지도 모른다. 여기서 말하는 "색채"를 우리의 눈이 보는 색채와 같은 의미로 혼 앞에 존재하는 듯이 생각할지도 모르겠다. 만일 그렇다면 그 "혼의 색채"는 환각에 지나지 않는다. 영학은 "환각"적 인상과는 전혀 무관하다. 어쨌든 지금 말하고 있는 현상은 이러한 인상을 문제로 삼는 것이 아니다. 올바른 관념을 가지기 위해서는 다음과 같은 사실을 잊지 말아야 한다.

혼은 물질적 색채의 인상을 감각적으로 체험할 뿐만 아니라, 혼적으로도 체험한다.

이 혼적 체험은 노란 표면을 볼 때와 푸른 표면을 볼 때와 각기 다르다. 이런 체험을 "노란색 속에 살아간다"라든지 "푸른색 속에 살아간다"라는 식으로 말할 수 있다면, 인식의 좁은 길을 걷기 시작한 혼은 다른 사람의 활발한 혼적 체험을 앞에 두었을 때는 "노란색 속에 살아간다"는 체험을 가지고, 귀의하는 마음을 앞에 두었을 때는 "푸른색 속에 살아간다"라는 체험을 한다. "견자"에게 소중한 것은 타인의 혼적 체험을 물질계에서 "청색"을 보는 것과 마찬가지로 "청색"으로 보는 그 자체에 있는 것이 아니다. 우리가 파란 커튼을 "파랗다"라고 하는 것과 마찬가지로 타인의 혼적 표상을 체험하는 일이며, 나아가 이러한 체험을 육체의 구속을 받지 않는 체험임을 알고, 신체기관을 사용하지 않고 지각하는 세계에 혼이 살아가는 일의 가치와 의미를 아는 일이다. 이 점을 반드시 의식해야 한다. 여하튼 "청", "황", "녹" 등으로 나타나는 "아우라"는 견자에게는 지극히 당연한 색채 현상이다.

그 사람의 기질이나 기분에 따라 아우라는 매우 다르게 나타난다. 또한 영성개발의 정도에 따라서도 다르다. 동물적 충동에 사로잡힌 인간은 풍부한 사상 속에 살아가는 사람과는 전혀 다른 아우라를 가지고 있다. 종교적 성향을 가진 사람의 아우라는 일상의 진부한 체험 속에 매몰되어 있는 사람의 아우라와는 본질적으로 다르다. 또한 일체의 기분 변화, 좋고 나쁘고 기쁘고 슬픈 감정도 아우라로 표현된다.

이러한 색조의 의미를 이해하려면 다양한 혼 체험을 아우라로 비교할 필요가 있다. 격정에 사로잡힌 혼 체험을 들어보자. 그것은 두 가지 다른 종류로 구별된다. 그 하나는 주로 동물적 충동에서 혼이 격정에 사로잡힐 경우이며, 또 하나는 세련된 형식으로 신중한 배려와 강력한 자제심 하에 있는 경우이다. 전자는 주로 갈색과 적황색의 뉘앙스를 띠고 아우라의 특정 부분에 흐르고 있다. 후자의 억제된 격정은 같은 부분에 한층 밝은 적황색과 녹색이 나타난다. 지성이 늘어나면 날수록, 녹색 기운이 점점 더 빈번하게 나타나는 것을 알 수 있다. 현명한 사람이라도 자신의 동물적인 충족에만 관심을 기울이면 아우라의 녹색 부분이 항상 갈색과 적갈색으로 물들어 있다. 지성이 결핍된 사람의 아우라 대부분은 적갈색, 또는 거무스름한 피와 같은 색으로 흐른다.

침착하고 사려 깊은 혼의 아우라는 이러한 격정에 휩싸인 혼의 아우라와는 본질적으로 다르다. 갈색과 적색이 물러나고, 다양한 뉘앙스를 가진 녹색이 나타난다. 사색에 몰두하고 있을 때의 아우라는 기분 좋은 녹색을 나타낸다. 특히 어떤 경우에서도 멋지게 처신하고 살아 갈 수 있는 사람의 아우라에 그런 색조가 나타난다.

푸른 색조는 경외감을 표현하고 있다. 어떤 일에 필요한 사람이 되려고 노력하면 할수록 푸른 색조가 강해진다. 이렇게 보면 두 종류의 사람이 있음을 알 수 있다. 사고하는 데 익숙하지 않고, "선량한 마음"으로만 이 세상의 일과 대면하는 수동적인 사람이 있다. 그의 아우라는 아름다운 청색 미광을 뿜어낸다. 종교적인 귀의심을 가진 사람들도 그와 같다. 동정심이 강한 혼이나 즐겨 하나의 대상 속에 모든 호의를 쏟아 붓는 사람의 혼도 같은 아우라를 가지고 있다. 이런 사람이 지성을 겸비하면, 녹색과 청색 흐름이 번갈아 나타나거나, 또는 그 청색이 녹색의 색조를 띤다. 수동적인 혼과는 반대로 능동적 혼은 청색 내부에 밝은 색조를 띤다. 창의성이 풍성한 사람이나 풍성한 내용의 사상을 가진 인물의 아우라는 내적인 한 점에서 밝은 색조가 빛을 발한다. 현자라 불리는 사람이나 풍요로운 생산적 착상을 가지고 있는 사람에게 이런 현상이 나타난다. 일반적으로 활발한 정신을 나타내는 아우라의 형태는 모두 내부에서 빛을 발한다. 한편, 동물적인 생활에서 일어나는 모든 것은 불규칙한 구름 같은 형상을 띤다.

활발한 혼이 품는 상념이 동물적 충동에 휩싸이는가, 아니면 이상적이며 객관적인 관심에 휩싸이는가에 따라 아우라의 형태는 다양한 색채를 나타낸다. 창의성에 가득한 두뇌를 가졌지만 그것을 모두 감각적 욕망 충족을 위해 사용하는 사람의 아우라는 보라색이 깃든 암적색을 띤다. 한편 몰아적인 태도로 사실에 즉한 사고활동을 하는 사람은 밝은 빨강색이 깃든 청색 색조를 나타낸다. 고귀한 귀의나 희생정신에 의한 영적 생활은 장미색이나 밝은 보라색을 나타낸다.

그러나 이러한 혼의 기본 상태뿐만 아니라 그때의 격정, 기분 그 외의 내적 체험도 아우라를 특정한 색으로 물들인다. 발작적인 격앙은 아우라를 붉게 물들인다. 갑자기 자존심에 상처를 입은 사람의 아우라에는 암록색의 구름 같은 것이 나타난다.

그러나 색조가 불규칙한 구름의 형태로 나타나는 것만은 아니다. 뚜렷한 윤곽을 가진 규칙적인 형상을 가지기도 한다. 공포심에 사로잡힌 사람의 아우라는 위에서 아래까지 파도형의 푸른 줄무늬가 보이고, 그 줄무늬는 청자색의 미광을 발한다. 기대에 가득 차서 어떤 일을 기다리는 사람은 내부에서 바깥으로 방사상의 빨강이 깃든 푸른 줄기가 아우라를 꿰뚫고 달리는 것을 볼 수 있다.

엄밀한 영적 지각능력은 타인이 감지하는 외적 지각을 모두 알아볼 수 있다. 바깥의 인상에 민감하게 반응하는 사람의 아우라 속에는 파랑이 깃든 빨갛고 작은 반점이 끊임없이 불타오른다. 감수성이 활발하지 못한 사람은 이런 작은 반점이 귤색이 깃든 황색이나, 때로는 아름다운 황색을 띠기도 한다. "주의력이 산만한" 사람은 많건 적건 그 형태를 바꾸면서 청색에서 녹색 방향으로 전이하는 반점을 나타낸다.

"영적 눈"을 한층 발달시키면 인간을 둘러싸고 유동하며 방사상으로 확산하는 이 "아우라" 속에 세 종류의 색을 구별할 수 있게 된다.

첫째, 불투명하며 밝게 빛나지 않는 성질을 가진 색채가 있다. 물론 눈으로 보는 색채에 비한다면 이러한 색채도 가볍게 투명하다. 그러나 초감각적 세계 속에서 볼 때, 이런 색으로 가득 찬 공간은 다른 공간에 비해 불투명하다. 그 색채공간은 안개가 모인 것 같다.

둘째, 완전한 빛으로 나타난다. 색채로 가득한 이 공간은 너무도 밝다. 이러한 색으로 인하여 빛의 공간이 된다.

셋째, 앞의 두 종류의 색채와는 전혀 다르게, 광선을 발하고 불꽃처럼 튀며 번쩍거리면서 나타난다. 공간이 그냥 밝은 정도가 아니라 공간 자체가 빛을 발한다. 이러한 색은 활동적인 성격을 가지고 있다. 전자의 두 종류의 색이 정적이며 바깥으로 빛을 비추지 못하지만, 이 색은 끊임없이 자기 자신으로부터 빛을 발한다.

앞의 두 종류의 색이 이루는 공간은 조용히 같은 상태를 유지하는 묘한 액체로 가득 차 있는 것 같다. 세 번째 종류의 색 공간은 쉼없이 활동하고 끊임없이 안에서 솟구치는 생명으로 가득 차 있다.

이 세 가지 색채는 인간의 아우라 속에서 병존하지 않는다. 서로 다른 공간을 점유하며 존재하는 것이 아니라, 다양한 방식으로 서로 침투되어 있다. 예를 들면 종소리를 들으면서 동시에 그것을 볼 수 있는 것과 마찬가지로, 아우라의 같은 부분에 이러한 세 종류의 다른 색이 나타난다. 아우라는 매우 복잡한 현상이다. 왜냐하면 세 종류의 색채가 뒤섞인 복잡한 형상을 띠기 때문이다. 그러나 세 종류의 아우라 하나 하나에 주의를 기울이면 개개의 형태를 밝혀 낼 수 있다. 감각적 세계 속에서 음악을 잘 감상하기 위해 눈을 감는 것 같은 행동을 초감각적 세계에서도 할 수 있다. "견자"는 이 세 종류의 색채에 대해 세 종류의 지각기관을 가지고 있다. 그리고 관찰을 혼란스럽게 하지 않기 위해 이런 기관의 어느 하나만을 열어서 인상을 받아들이고, 다른 기관은 닫아 둔다. 어떤 "견자"의 경우는 위에서 말한 첫 번째 색채를 위한 기관만이 개발되어 있을 수도 있다. 이런 경우, 그는 한 종류의 아우라만 본다. 다른 두 종류의 아우라는 그에게 보이지 않는다. 또 다른 견자는 세 번째 색채만 볼 수 없는 경우도 있다.

"견령능력"의 고차적 단계에 들어 선 사람은 이러한 세 종류의 아우라 모두를 볼 수 있고, 그것도 하나에서 다른 것으로 주의를 돌리면서 아우라를 관찰할 수 있다.

세 종류의 아우라는 인간의 본성을 초감각적으로, 동시에 가시적으로 표현한 것이다. 그 속에 몸, 혼, 영의 세 부분이 표현된다.

첫째 아우라는 몸이 혼에 끼치는 영향을 나타내는 영상이다. 둘째 아우라는 직접 감각을 자극하는 차원을 넘어 서 있지만, 아직 영원한 것에 자기를 바치지 않고 있는, 혼만의 생활을 표현하고 있다. 셋째 아우라는 영원한 영이 무상한 인간적 부분에 대한 지배권을 비쳐내고 있다.

이런 방식으로 아우라에 대해 기술할 때는, 관찰하기 어려울 뿐만 아니라 표현하기도 어려운 현상을 다루고 있다는 사실을 염두에 두어야 한다. 따라서 이러한 기술은 시사 이상의 영역을 벗어날 수 없다.

"견자"는 혼의 활동과 그 특성을 이러한 아우라 속에서 본다. 일시적인 감각적 충동이나 욕망에 빠지거나 외적 자극에 자신을 잃은 혼을 관찰하면, 제1아우라는 매우 야단스런 색조를 띠고, 제2아우라는 구성이 허약한 희미한 색조를 띤다. 그리고 제3아우라에 이르면 거의 형태다운 형태를 찾아 볼 수 없다. 감각적인 것에 억압되어 있으나 근본적인 소질로서 미약하게 존속하는 영원한 것이, 반짝이는 작은 불꽃으로 암시되고 있을 따름이다. 인간이 본능적인 충동에서 벗어나면 날수록 제1아우라의 지배력은 약해지고, 제2아우라는 점점 커지며, 인체를 감싸는 그 색채를 점점 더 완전하게 빛나게 한다. 인간이 "영원한 것의 종복"으로 살아 갈 수 있게 되면 될수록, 어느 정도까지 영계의 시민인가를 증명하는 제3아우라가 그 아름다운 모습을 드러낸다. 왜냐하면 신성한 그 영적 자아가 아우라의 이 부분을 통하여 지상계에 빛을 던지기 때문이다. 이런 사람은 아우라를 통하여 자신을 위해서 뿐만 아니라 영원한 진실, 고귀한 미와 선을 위해서 얼마나 열심히 살아 갈 준비가 되어 있는가를, 다시 말해 어느 정도까지 우주의 위대한 제단에 자신을 바칠 힘을, 자신의 좁은 자아 속에서 발견해 낼 수 있는가를 나타내고 있다.

이러한 아우라는 인간이 윤회전생을 통하여 자신 속에 만들어 온 것을 표현하고 있다.

제3아우라 속에는 다양한 색채가 들어 있다. 그러나 이런 색채의 특징은 인간의 진화 정도에 따라 변한다.

적에서 청에 이르는 모든 색채 속에서 제1아우라는 성숙하지 못한 충동생활을 표현한다. 이런 색채는 거무스름하고 불투명한 성질을 가지고 있다. 적색이 짙은 색채는 감각적 욕망, 육체적 쾌락, 미각의 탐욕을 나타낸다. 녹색 색채는 둔감하고 냉담한 인간의 모든 향락과 탐욕, 그리고 그것을 만족시키는 노력을 게을리 하는 저속한 인간에게 나타난다. 어떤 목표를 가진 열정이 그것을 달성할 능력이 결핍되어 있으면, 갈색이 깃든 녹색이나 황색이 깃든 녹색의 아우라가 나타난다. 현대인의 모든 생활태도는 이런 종류의 아우라를 배양하고 조장한다.

저급한 욕망에 뿌리내린 개인적인 자기감정, 즉 이기주의의 낮은 단계는 불투명한 황색에서 갈색에 이르는 색조를 나타낸다. 그러나 동물적 충동생활 또한 바람직한 성질을 가질 수 있다. 동물계 속에도 순수하게 본능적이며 고도의 자기희생 능력이 내재해 있다. 본능적인 모성애에서 동물적 충동은 그 가장 아름답고 완성된 모습을 드러낸다. 이러한 몰아적 본능 충동은 제1아우라 속에서 담홍색에서 장미색에 이르는 색채로 표현된다. 명백한 사실로부터 눈을 돌리는 비겁한 마음은 갈색을 띤 청색 아니면 회색이 깃든 청색으로 나타난다.

제2아우라 또한 매우 다양한 색채를 나타낸다. 무척 발달한 자부심이나 명예심 같은 자아 감정은 갈색이나 오렌지색의 구성체로 표현된다. 호기심은 적황색의 반점으로 표현된다. 담황색은 투철한 사고나 지성의 반영이다. 녹색은 인생이나 세상에 대한 이해의 표현이다. 손쉽게 지식을 습득하는 어린아이의 아우라의 이 부분은 녹색을 띤다. 기억력이 좋으면 제2아우라에 "황록색"이 나타난다. 장미색은 선의와 사랑에 가득 찬 성질을 나타낸다. 청은 경건함의 표시이다. 경건함이 종교적 고양감에 접근하면 할수록 이 청은 보라색 쪽으로 움직인다. 고도의 이상주의를 가진 진실된 삶의 태도는 남색으로 나타난다.

제3아우라의 기본색은 황, 녹, 청이다. 담황색은 보편적이고 높은 이념에 가득 차고 개개의 사실을 신적 우주질서의 전체성 속에서 이해할 때 나타난다. 이 황색은 사고가 직관적인 사고형식을 띠고 이 사고와 결합되는 감각적 표상이 완전히 순수한 존재방식을 띨 때, 황금색으로 빛을 발한다. 녹색은 모든 존재에 대한 사랑을 표현하고 있다. 청색은 모든 존재를 위한 몰아적인 헌신 능력을 나타낸다. 이 헌신이 세상을 위해 봉사하고 싶다는 강력한 의지로 고양될 때, 청색은 엷은 보라색으로 투명해진다. 고도로 발달한 혼적 자질을 가졌지만 아직 거만함과 명예욕이라는 개인적 이기주의의 찌꺼기가 남아 있을 때, 황색과 함께 귤색이 깃든 색채가 나타난다.

이 부분의 아우라에 나타나는 색채가 감각계에서 보는 색채와 전혀 다르다는 것을 알아야 한다. 그것은 지상 세계에서는 도저히 발견할 수 없을 만큼 아름답고 숭고하다.

"아우라를 보는 것"이 물질계에서 지각의 한계를 확대하고, 거기에 새로운 가치를 더하는 일임을 소중하게 생각하지 않는 사람은 "아우라"가 표현하는 뜻을 올바르게 이해할 수 없다. 이러한 지각의 확대야말로 감각적 현실 이외에 영적 현실을 가진 혼 본래의 존재방식을 인식시켜 주는 것이다. 이와 같은 표현은 환각적으로 지각된 아우라로 인간의 성격이나 사상을 해석하는 일과는 아무런 관계가 없다. 아우라를 보는 것은 인식을 영계의 방향으로 확대하는 행위이다. 인간의 혼을 아우라로 해석하려는 의심스런 기술과는 아무런 관계도 없는 일이다.

인식의 좁은 길

어떤 사람도 본서에서 언급된 영학적 인식내용을 스스로 얻을 수 있다. 이 저서 속에 시도된 논술 방식은 고차원 세계의 사상 상을 제공하기 위한 것이다. 그리고 자신의 힘으로 견령 능력을 얻는 첫걸음은 이러한 사상 상을 파악하는 일에서 시작된다. 왜냐하면 인간은 사고하는 존재이며, 사고에서 출발할 때만 자신이 걸어가는 인식의 좁은 길을 스스로 발견해 낼 수 있기 때문이다. 처음으로 고차적 세계의 사상 상에 접한 그의 오성에게 그것이 비록 영적 사실에 대한 단순한 이야기에 지나지 않고, 확인될 수 없는 사실이라 하더라도 결코 그것은 무익하지 않다. 왜냐하면 오성에 부여된 사고내용은 그의 사상세계 속에 작용하는 힘이 되기 때문이다. 이 힘은 그의 내면에 작용하여 잠들어 있는 소질을 눈뜨게 한다. 그러므로 그런 사상 상에 관심을 기울이는 것 자체를 쓸데없는 일이라고 말하는 것은 잘못이다. 그렇게 생각하는 자는 사고 내용 속에서 실체가 없는 추상적인 것밖에 보지 않는다. 그러나 사상의 근저에는 살아있는 힘이 존재하고 있다. 영시된 것을 직접적으로 표현한 사고내용이

전하는 것은 그 내용을 전해 듣는 사람의 인식력을 꽃 피우는 싹이 될 것이다. 고차적 인식을 위한 사고작업을 경멸하고, 사고 이외의 힘에 의지하는 사람은 사고야말로 감각 세계의 능력 가운데서 최고의 힘이라는 사실을 모르고 있다. 어떻게 하면 영학의 고차적 인식 내용을 획득할 수 있는가, 라고 묻는다면, 우선 다른 사람의 인식에서 배우라고 말해야 한다. 만일 그가 다른 사람이 본 것을 알고 싶지 않다, 내 눈으로 직접 보고 싶다고 한다면, 다른 사람의 지식을 배우는 것이 인식의 첫 걸음이라고 대답해야 할 것이다. 그렇다면 맹목적인 신앙을 요구하는 일이 아니냐고 말하는 사람도 있을 것이다. 그러나 그 지식은 믿고 안 믿고가 문제가 아니다. 편견 없는 태도로 그것을 받아들일 수 있는 태도가 중요하다. 진정한 영학자는 결코 맹목적인 신앙을 요구하지 않는다. 그는 늘, 나는 영적 존재 영역에서 이러저러한 것을 체험했다고, 내가 이야기하는 것은 내가 체험한 내용이라고 말할 것이다. 그는 누군가가 자신의 체험을 받아들이고, 자신이 이야기한 내용을 그 사람의 사고내용 속에 침투시킨다면, 그것이 그 사람의 영적 발전을 위한 살아 움직이는 힘이 된다는 사실을 알고 있다.

이 문제를 올바르게 이해하려면, 혼계와 영계에 대한 일체의 지식이 우리의 혼에 내재해 있다는 생각을 가져야 한다. 우리는 이 모든 지식을 "인식의 좁은 길"을 통해서 알아 낼 수 있다. 우리는 자신의 혼의 깊이에서 이끌어 낸 것뿐만이 아니라, 타인이 그 혼의 깊이에서 이끌어 낸 것 또한 볼 수 있다. 인식의 좁은 길을 걸을 준비가 되어 있지 않았다 해도, 이런 관찰은 가능하다. 올바른 영적 관찰은 편견에 의해 흐려지지 않는 마음 속에 이해하는 힘을 눈뜨게 해줄 것이다. 내면의 무의식적 지식이 타인이 발견한 영적 사실에 반응한다. 그리고 이 반응은 맹목적인 신앙이 아니라 건전한 상식의 정상적인 작용이다. 스스로 영계를 인식하는 데는 수상쩍은 신비적 "침잠" 보다 건전한 상식이 훨씬 더 훌륭한 출발점이 된다. 때로 우리는 건전한 상식이 받아들일 수 있는 진정한 영적 연구 성과보다도 신비적 "침잠" 으로 얻은 성과를 보다 뛰어난 것이라 믿는 경향이 있다.

고차적 인식 능력을 획득하려 할 때, 신중하게 사고하는 태도를 가지는 것이 얼마나 소중한 일인지는 아무리 강조해도 지나치지 않다. 오늘날 "견자" 가 되기를 갈망하는 많은 사람들이 신중하고 금욕적인 사고작업을 경시하고 있기에 이런 점을 더욱 더 강조해 두고 싶다. "사고" 는 아무 소용이 없다고 생각하는 사람들은 말한다. 중요한 것은 "감각", "감정" 이라고. 여기에 대해서는 이렇게 말하겠다. 어떤 사람도 사고생활에 정진하지 않으면 진정한 의미의 "견자" 가 될 수 없다고. 어떤 종류의 내적 나태가 부당하게도 많은 사람들에게 소중한 덕성으로 여겨지고 있다. 그들이 이런 안일을 의식하지 못하는 것은 "추상적 사고", "쓸데없는 사변" 등의 경멸적인 언어를 몸에 두르고 있기 때문이다. 사고를 무의미하고 추상적인 사변과 동일하게 생각하는 사람은 사고의 본질을 이해하지 못하고 있다. 물론 그런 의미의 "추상적 사고"는 초감각적 인식의 숨통을 끊어 놓을 수 있다. 그러나 살아 있는 사고는 초감각적 인식의 토대를 만들어 준다. 물론 사고작업을 하지 않고 고차적 견령 능력을 가질 수 있다면 훨씬 편리할 것이다. 그래서 많은 사람들이 그런 길을 선택한다. 그러나 견령 능력에 필요한 내적 확실성과 부동심으로 우리를 이끌어 주는 것은 오로지 사고뿐이다.

사고 작용이 없으면, 제멋대로 일어나는 혼란스런 이미지와 혼의 움직임에 농락 당하고 만다. 어떤 사람들에게는 그것도 즐거운 일이 될 수 있겠지만, 그것과 진정한 의미의 고차적 세계 입문과는 아무런 관계도 없다.

고차적 세계에 입문할 때만 순수한 영계를 체험할 수 있다고 믿는 사람은 이 문제가 다른 측면을 가지고 있다는 것도 안다. "견자"는 그 혼 생활이 절대적으로 건강해야 한다. 진정한 사고 이상으로 이 건강을 관리해주는 것은 없다. 실제로 고차적 영 능력 개발을 위한 수행이 사고를 토대로 하지 않는다면 건강상 중대한 장애를 초래할 것이다. 견령 능력은 건전하고 올바르게 사고할 수 있는 사람을 생활에서도 건전하고 유능한 사람으로 만들어준다. 사고하는 수고로움을 피하면서 영 능력을 개발하려는 것은 인생에 대한 잘못된 태도나 몽상, 또는 공상에서 유래한다. 이 점을 염두에 두고 고차적 인식을 위해 노력한다면 어떤 일이 일어나도 두려워 할 필요가 없다. 단

이러한 전제를 두어야 한다. 이 전제는 인간의 혼과 영에만 적용된다. 어떤 육체적인 건강을 헤치는 작용은 이 전제 하에서는 일어나지 않는다.

근거도 없이 불신하는 것은 해롭다. 왜냐하면 그것은 우리의 내면에 반발력을 작용시켜 생산적 사고내용을 받아들이려는 행위가 방해받기 때문이다. 맹목적 신앙을 가지라는 것이 아니다. 영학적 사고 세계를 믿고 안 믿고를 떠나, 오로지 있는 그대로 받아들이려는 태도만이 고차적 감각을 열어주는 전제가 된다. 영학 연구자는 제자에게 다음과 같이 요구한다.

"나를 믿지 않아도 좋다. 거기에 대해 생각하고, 그것을 자기 자신의 사고내용으로 삼아라. 그것만으로도 나의 사고내용은 그대의 내부에서 살아 움직이기 시작할 것이므로, 이제 그대는 그 진실을 스스로 인식할 수 있게 될 것이다."

이것이 영학 연구자의 입장이다. 그는 시사를 던진다. 그 시사를 진실이라 인정할 수 있는 힘은 받아들이는 자 자신의 내부에서 일어난다. 영학적 견해는 이런 식으로 받아들여야 한다. 편견을 버리고 자신의 사고를 이러한 견해에 몰입시킬 수 있는 사람이라면 언젠가는 스스로 영계를 볼 수 있을 것이다. 그것이 그런 경지로 그를 착실하게 이끌어 줄 것이다.

바로 여기에 고차적 현실을 스스로 영시하려는 사람이 반드시 가져야 할 가장 소중한 미덕이 내포되어 있다. 그것은 인간생활이나 세계가 보여주는 것에 대해 편견 없이 귀의하는 태도이다. 지금까지 살아 온 인생경험에서 얻은 판단의 기준만으로 현실을 상대하는 사람은 그 판단 때문에 현실이 그에게 던지는 은밀한 작용에 문을 닫아버린다. 배우는 자는 어떤 순간에도 이질적인 세계를 받아들 수 있는, 완전히 텅 빈 그릇이 되어야 한다. 나 자신의 내부에서 일어나는 판단이나 비판을 모두 잠재우는 순간만이 인식의 순간이다. 어떤 사람과 만났을 때, 그 사람보다 내가 더 현명한가 아닌가는 전혀 중요하지 않다. 예의 모르는 어린아이라도 위대한 현자에게 가르침을 줄 수 있는 무언가를 가지고 있다. 그리고 현자가 아무리 그의 현명함으로 어린아이를 비판한다 하더라도, 그 비판으로 인하여 그 현명함은 흐려져 어린아이가 그에게 열어 줄 진실을 가려 버린다.(오로지 귀의하라고 말한다고 해서 자신의 판단을 버리거나 맹목적 신앙에 빠지라는 말이 아니다. 어린아이에 대해 그런 귀의가 무슨 소용이 있겠는가.) 자신과는 다른 세계가 보여주는 것에 내적으로 귀의해야 한다. 자신이 이러한 귀의를 어디까지 실천할 수 있는지 시도해 본다면 틀림없이 놀라운 발견을 할 것이다. 인식의 좁은 길을 걸으려 하는 사람은 어떤 순간에도 편견을 지워버릴 수 있어야 한다. 자신을 버렸을 때만, 다른 것이 그의 내부로 흘러들어 온다. 자신을 무로 하고 대상에 귀의하는 순간, 모든 방향에서 인간을 감싸고 있는 고차적 영적 현실이 흘러 들어온다. 우리는 혼자 힘으로 의식적으로 이런 능력을 기를 수 있다. 가령 주위 사람에 대해 어떤 판단을 내리지 않는 시도를 해 보자. 좋다거나 싫다거나, 어리석다거나 현명하다거나 하는 일상적인 판단의 기준을 지워버리는 것이다. 그런 척도 없이 인간을 순수하게 그 인간 그 자체로 이해하려고 시도한다. 최상의 수행은 혐오감을 느끼는 사람에 대해 이렇게 해 보는 것이다. 있는 힘을 다해 혐오감을 억제하고, 마음을 열고 그 사람이 행하는 모든 것이 내 안으로 흘러 들어오게 하는 것이다.

또는 어떤 판단을 내리고 싶은 상황에 처했을 때, 판단을 보류하고 주어지는 인상에 마음을 내맡겨 본다.(이러한 편견 없는 귀의는 "맹목적 신앙"과는 아무 관계도 없다. 맹목적으로 뭔가를 믿으라는 말이 아니다. 생생한 인상을 가지며, "맹목적 판단"을 내리지 않는 것이 중요하다.)

내가 어떤 사물이나 사건에 대해 이야기하지 말고 사물이나 사건이 나에게 말을 걸게 해야 한다. 이런 자세를 자신의 사고세계에까지 넓혀야 한다. 자신 속에 어떤 사고내용을 만들어내려는 움직임을 억제하고, 오로지 외부의 사상이 사고내용을 만들어낼 때까지 조용히 기다린다.

열의를 가지고 엄숙하게, 그리고 참을성 있게 이런 태도를 유지할 때 비로소 고차적 인식의 길로 나아갈 수 있다. 이 가치를 모르는 사람은 이런 수행을 경시할 것이다. 이런 수행의 경험을 가진 사람은 귀의와 편견 없는 태도가 진정한 힘의 원천임을 알고 있다. 증기 솥의 열기가 기관차를 움직이는 힘으로 변하듯이, 몰아적 영적 귀의의 수행은 영계를 인식하는 힘으로 바뀐다.

이 수행을 통하여 주위의 모든 사물을 받아들일 수 있게 된다. 그러나 이러한 수용 능력에 올바른 평가 능력이 결합되어야 한다. 주위 사람들에게 부담을 주면서 아무렇지도 않게 자기 자신을 과대 평가하는 사람은 고차적 인식의 통로를 스스로 닫는 꼴이 되고 만다. 세상의 사물이나 일에 대해, 그것들이 주는 쾌락과 고통의 관점에서만 평가하는 자도 그런 과대평가의 태도에 사로잡혀 있다고 할 수 있다. 왜냐하면 자신의 쾌락, 자신의 고뇌로서 그가 체험하는 것은 사물에 관한 것이 아니라, 자기 자신에 관한 것에 지나지 않기 때문이다. 어떤 사람에 대한 호의는 그와 나의 관계를 느끼게 할 따름이다. 만일 내가 판단하고 태도를 결정할 때, 오로지 쾌감과 공감에만 따른다면, 나는 자신의 성격을 전면으로 드러내는 셈이 된다. 나는 세상에 대해 나의 성격을 강요하고 있다. 나는 지금 있는 그대로의 나 자신으로 세상에 간섭하려 하고 있다. 세상을 편견 없이 받아들이려 하지도 않고, 또한 그 속에 활동하는 다양한 힘을 충분히 살려내려 하고 있지도 않다. 바꾸어 말해, 나는 자신의 성격에 잘 맞는 것에만 관용을 베풀고 있다. 그 외의 모든 것에 대해 나는 반발하려 하고 있다. 감각세계 속에 사로잡힌 사람은 특히 모든 비감각적 영향에 반발한다. 배우려는 사람은 사물이나 인간의 어떤 사소한 가치나 의미도 긍정할 수 있는 성격을 길러야 한다. 공감과 반감, 쾌감과 불쾌감은 전혀 새로운 역할을 담당해야 한다. 이런 감정들을 억제함으로써 자신을 감동도 모르는 사람으로 만들라는 말은 아니다. 정반대이다. 금방 공감, 반감으로 판단을 끌어내지 않는 능력을 기르면 기를수록, 우리는 점점 더 풍성한 감수성을 가지게 될 것이다. 자신의 성격을 제어할 수 있을 때, 공감과 반감이 보다 차원 높게 작용하게 됨을 알 것이다. 처음에는 무척 불쾌하게 느껴지던 일에도 숨겨진 미덕이 있는 법이다. 이기적인 감정에 따르는 태도를 버릴 때, 그런 숨겨진 미덕이 나타난다. 스스로를 이런 방향으로 이끌어 가는 사람은 모든 것에 대해 다른 사람보다 섬세하게 느낄 수 있다. 왜냐하면 자신의 주관으로 감수성을 흐리게 하는 일이 없기 때문이다. 자신이 맹목적으로 따르고 있는 성향은 주위 사물을 밝은 빛 아래 드러낼 수 없다. 자신의 성향에 맹목적으로 따른다는 것은 환경 속에 매몰됨을 뜻하며, 주변 사물과 솔직한 만남을 통해 그 가치를 절실히 느끼려 하지 않음을 뜻한다.

아무리 좋거나 괴로워도, 어떤 공감과 반감이 생겨도, 자기중심적으로 반응하지 않을 때, 늘 변하는 외계의 인상으로부터 자유로워진다. 어떤 사물에서 느끼는 쾌감은 그를 그 사물에 의존하게 한다. 그는 그 사물 속에서 자신을 잃어버린다. 인상의 변화에 따라 그때마다 쾌감과 고통에 사로잡히는 사람은 영적 인식의 좁은 길을 걸어갈 수 없다. 평정한 마음으로 쾌감과 고통을 받아들여야 한다. 그렇게 하면 쾌감과 고통 때문에 자신을 잃어버리지 않는다. 그 대신에 쾌감과 고통을 이해하게 된다. 내가 쾌감에 몰두하는 순간, 그 쾌감은 나의 존재를 소모시킨다. 중요한 것은 쾌감을 나에게 부여한 사물을 이해하는 일이며, 쾌감은 그것을 위해 이용되어야 한다. 사물이 나에게 쾌감을 부여하는 것이 소중한 일이 아니다. 내가 쾌감을 체험할 때, 그 쾌감을 통하여 사물의 본질을 체험하는 것이 중요하다. 나에게 쾌감이란 그 사물 속에 쾌감을 느끼기에 적합한 어떤 성질이 있음을 표현하는 것 이상이어서는 안 된다. 이 성질을 인식하는 것을 배워야 한다. 만일 쾌감에 머물면서 쾌감에 모든 것을 빼앗겨 버리면, 나는 그냥 생활을 즐기는 존재에 지나지 않는다. 쾌감이 사물의 특성을 체험하기 위한 단순한 기회에 지나지 않는 것이라면, 이 체험을 통하여 나의 내부는 보다 풍성해진다. 쾌감과 불쾌감, 기쁨과 고통은 길을 찾는 자에게 그것을 통하여 그가 사물에 대해 배우는 기회여야 한다. 길을 찾는 자는 그것을 통하여 쾌감과 고통에 대해 둔감해지는 것이 아니라, 쾌감과 고통이 자신에게 사물의 본성을 밝혀주도록 쾌감과 고통에서 자기를 초월시켜야 한다. 이 방향으로 자기를 발전시키면, 쾌감과 고통이 얼마나 우리에게 좋은 선생인지를 이해할 수 있을 것이다. 그때 우리는 모든 존재와 함께 느낄 수 있게 되고, 그 존재의 소식을 받아들일 수 있게 될 것이다. 길을 찾는 자는 "아, 왜 이렇게 고통스러울까", "정말 기분 좋다"라는 말을 할 때도, 이 고통, 이 기쁨이 자신에게 무슨 말을 하려는지 늘 생각해야 한다. 그는 외계에서 느끼는 기쁨과 고통을 자신에게 작용시키려 노력한다. 그렇게 할 때 사물과 자신 사이에 전혀 새로운 관계가 생겨날 것이다. 이전의 그는 특정한 인상을 받아들이면서 그 인상이 그를 기쁘게 하거나 불쾌하게 한다는 이유만으로 특정한 반응을 보였다. 그러나 이제 그는 쾌감과 불쾌감을 인식 기관으로 삼는다. 그리고 지금, 이 기관을 통하여 어떤 사물이 그 본성을 말하기 시작한다. 쾌감과 고통은 그의 내적 감정에서 외계를 지각하는 감각기관으로 변화한다. 눈이 무엇인가를 본다. 그리고 손이 행동한다. 그와 마찬가지로 영적 구도자의 쾌감과 불쾌감은 인식수단이 되어 아무 행동도 일으키지 않는다. 오로지 인상을 받아들이는 수단이다. 그리고 이 쾌감과 불쾌감을 통과하여 체험된 일들이 비로소 행동의 원인이 된다. 쾌감과 불쾌감을 이러한 통과기관으로 삼는 수행을 하면, 혼계는 그것을 통하여 자기를 열어 보이는 혼계 본래의 기관을 그 수행자의 혼 속에 형성시켜 줄 것이다. 눈은 감각적 인상의 통과기관이기에 육체적 삶에 유효하다. 쾌감과 불쾌감도 자신의 좁은 세계에 머물지 않고 외계의 혼을 열어 보여주는 인식기관일 때, 혼의 눈으로 발전할 수 있다.

인식의 길을 걷는 자가 자신의 성격에서 유래하는 걸림돌을 치우고 지금까지 말한 그런 능력을 가지게 된다면, 주변 사물들과 현상들의 본질이 자신에게 작용을 가해 올 것이다. 그러나 자기 자신을 영적 환경 속에 집어넣을 때도 올바른 방식으로 이렇게 행해야 한다. 인간은 사고하는 존재이기에 이미 영계의 시민이라 할 수 있다. 그러나 그가 진정한 의미에서 영계의 시민이 되기 위해서는 인식의 길을 걸으며 진리의 영원한 법칙, 영계의 법칙에 맞는 방향으로 사고해야 한다. 영계는 그렇게 해야만 영적 사실을 보여준다. 우리 마음대로 영계에 작용을 가할 수 있는 것이 아니다. 끊임없이 자신이 갈구하는 대로 사고하고 그 사고를 통해 얻은 내용만을 믿으려 하는 사람은 진리에 이를 수 없다. 왜냐하면 그런 사고내용은 육체적 존재의 내부에서 일어나는 내용만 보여주기 때문이다. 두뇌에 제약된 정신활동밖에 모르는 사람의 사고세계는 무질서하고 혼란스럽다. 두뇌 속에서 어떤 사고내용이 일어나면 금방 조각나고 흩어져 다른 사고내용으로 바뀌어 버린다. 두 사람이 나누는 대화에 주의를 기울여 보면, 또는 자기 자신을 솔직히 관찰해보면, 도깨비불처럼 사방으로 날아다니는 사고내용에 대해 하나의 관념을 가질 수 있다. 우리가 아무리 혼란스런 사고내용을 만들어낸다 해도 감각생활의 과제에 따라 살아가면 현실이 거듭해서 그 잘못을 수정해 준다. 내가 아무리 혼란스런 사고를 해도, 일상생활은 나에게 현실법칙에 따라 행동하도록 요구할 것이다. 어떤 도시에 대해 내가 가진 관념은 무질서하고 단편적일 수도 있다. 그러나 그 도시에 간 이상 그곳의 현실에 나를 맞춰야 한다. 기술자가 아무리 혼란스런 관념에 사로잡혀 있다 해도, 일터에서 자신이 다루는 기계의 법칙에 따라 올바른 조치를 취해야 한다. 감각세계의 내부에서 현실들이 사고의 오류를 끝없이 정정해 나간다. 만일 내가 어떤 물질적 현상이나 식물 형태에 대해 잘못된 견해를 가지고 있다면, 현실이 나를 올바른 사고로 이끌어

줄 것이다.

그러나 고차적 존재영역과 나와의 관계는 전혀 사정은 다르다. 고차의 영역은 내가 엄밀하게 규칙을 세운 사고를 가지고 들어가지 않는 한 진정한 모습을 드러내지 않는다. 사고가 정확하게 나를 안내해 주어야 한다. 그렇지 않으면 올바른 길을 발견할 수 없다. 왜냐하면 영계의 법칙들은 물질적 감각적 성질에 작용하지 않기 때문에 현실법칙처럼 나에게 강제적 힘을 쓸 수 없기 때문이다. 영계의 법칙이 나 자신의 법칙과 일치할 때, 비로소 나는 영계의 법칙에 따를 수 있다. 고차의 영역에서는 나 자신이 정확한 지표가 되어야 한다. 따라서 인식하는 자는 사고에 엄밀한 규칙을 주어야 한다. 그의 사고내용은 일상적인 삶과 보조를 맞추는 습관에서 벗어나야 한다. 그는 이런 점에서 자신을 잘 관찰하고 자신을 잘 제어할 수 있어야 한다. 어떤 사고내용이 제멋대로 다른 사고내용과 결합되어서는 안 된다. 그것은 오로지 사고 세계의 엄밀한 내용에 적절한 방식으로 결합되어야 한다. 어떤 관념에서 다른 관념으로 넘어 갈 때도 엄밀한 사고법칙에 따라야 한다. 인간은 사상가로서 늘 이러한 사고법칙의 모상을 표현하지 않으면 안 된다. 이 법칙에 유래하지 않는 모든 것은 관념의 흐름에서 배제해야 한다. 예를 들면 아무리 바람직한 사고내용이라 하더라도 그것이 사고의 규칙적 진행을 방해한다면 회피해야 한다. 어떤 개인적 감정이 사고내용에 어떤 다른 방향을 취하도록 강요한다면, 그것 또한 억제해야 한다.

플라톤은 배우러 오는 학생들에게 먼저 수학을 가르쳤다. 현상계의 일상적인 흐름에 따르지 않는 수학의 엄밀한 법칙은 인식을 지향하는 자에게는 더 없이 좋은 훈련이 된다. 수학을 잘 하려면 개인적인 취향을 모두 버려야 한다. 인식을 갈구하는 자신의 과제에 응하고 싶다면, 제멋대로 일어나는 모든 사고를 자신의 의지로 극복하고 사고 내용의 요구에 순수하게 따라야 한다. 이렇게 영적 인식에 필요한 사고에 맞춰 가는 자세를 가져야 하는 것이다. 사고생활 그 자체는 수학적 판단이나 추론처럼 엄밀한 법칙에 따라야 한다. 어디를 어떻게 걸어가든, 그런 엄밀한 방식으로 사고할 수 있게 노력해야 한다. 그렇게 하면 영계의 합법칙성이 그의 내면으로 흘러들어 올 것이다. 그러나 만일 그의 사고가 일상의 혼란스런 성격을 띠게 되면, 이 합법칙성은 소리도 없이 그의 곁을 지나쳐 버릴 것이다. 질서 잡힌 사고는 확실한 출발점에서 저 깊은 곳의 진리까지 이끌어 줄 것이다. 그렇지만 이러한 시사를 일면적으로 받아들여서는 안 된다. 수학은 사고 훈련에 무척 유효하지만, 수학을 배우지 않아도 건전하고 살아있는 순수사고에 이를 수 있다.

그리고 인식을 갈구하는 자는 사고를 위해 노력함과 동시에 행위를 위해서도 노력해야 한다. 즉, 자신의 개인적인 차원에 속한 걸림돌을 걷어치우고, 뛰어난 미와 불변의 진리 법칙에 따르도록 노력해야 한다. 미와 진리의 법칙에 따라 방향이 설정되어야 한다. 옳다고 인식한 것을 실행했다면, 설령 그것이 자신의 개인적인 감정을 충족시켜주지 않는다 하더라도, 한번 내디딘 발걸음은 결코 멈춰서는 안 된다. 또한 그것이 미와 진리의 법칙에 일치하지 않는다고 판단된다면, 아무리 즐거운 일이라 해도 계속해서는 안 된다. 일상생활에서는 개인적인 감정에 만족을 주느냐 않느냐, 확실한 성공을 약속하는 것인가 아닌가에 따라 행위가 결정된다. 그것으로 우리는 삶의 방식을 이 세상의 진행과 일치시킨다. 그래서 영계의 법칙이 가르쳐 주는 진실을 이해하려 하지 않고, 자의적으로 행하려 한다. 영계의 법칙을 따를 때, 비로소 우리는 영적 의미에서 활동할 수 있다. 단순한 개인적 성격에서 이루어진 일로는 영적 인식의 기초를 다질 수 없다. 인식을 갈구하는 자는 무엇이 내게 좋은 성과를 주는지, 어떻게 하면 성공하는지를 물어야겠지만, 나는 무엇을 선한 것으로 인식했는가, 라고 물을 수 있어야 한다. 나 개인을 위한 행위의 성과를 묻지 않을 것, 모든 자의성을 버릴 것, 이것이 자신에게 부여할 제1의 계율이다. 이 계율에 따른다면 그는 이미 영계의 길을 걷고 있다. 그 때, 그는 영계의 법칙에 따르고 있는 셈이다. 그는 감각세계의 모든 강제로부터 자유롭다. 다시 말해, 그의 영 인간이 감각의 껍질을 벗어 던진다. 이렇게 하여 그는 영적인 것을 향하여 전진을 계속하며, 자기 자신을 영화한다. 사람들은 이렇게 말할지 모른다. 뜻을 세우고 진리의 계율을 지키는 것이 내게 무슨 소용이 있는가, 라고. 진리를 찾다가는 오히려 방황만 하게 된다, 라고. 그러나 여기서 중요한 것은 노력 그 자체이며, 기본적인 마음가짐이다. 방황하면서도 진리를 갈구하는 한, 자신을 올바른 방향으로 이끌 힘을 가지고 있다. 어떤 방황 속에 있을 때도 이 힘이 그를 올바른 길로 이끌어 준다. 올바른 길만 걸으란 법이 어디 있느냐고 비난하는 사람도 있겠지만, 그러나 그 비난 자체에 이미 불신감이 배어 있다. 그것은 진실의 힘을 신뢰하지 않음을 뜻한다. 여기서 중요한 것은 자신의 이기적 관점에서 목표를 정하는 태도를 버리고, 몰아적 태도로 영으로 하여금 방향을 정하게 하는 일이다. 진실된 것이 어떤 방향을 제시하는가는 이기적 인간의 의지가 하는 일이 아니다. 이 진실된 것 자신이 인간 속에서 지도적 위치를 점하고, 그에게 침투하여, 그 인간을 영계의 영원한 법칙의 모상이게 하여야 한다. 우리는 그 영원한 법칙을 생활 속에 흘려 넣기 위하여 자신을 그 법칙과 하나로 해야 한다.

인식을 갈구하는 자는 자신의 사고뿐만 아니라 자신의 의지도 엄중히 감시해야 한다. 그렇게 함으로써 그는 오만에 빠지지 않고 겸허한 자세로 진과 미의 세계를 위한 사자가 될 수 있다. 그것으로 그는 영계에 입문할 것이며, 그것으로 더 높이 오를 것이다. 왜냐하면 영적 생활은 단지 보는 것이 아니라 스스로 체험하여 획득되어야 하기 때문이다.

인식을 갈구하는 자가 이상의 법칙들을 지킬 때, 영계와 관계하는 그의 혼 체험은 전혀 새로운 형태를 띠게 될 것이다. 그는 이미 혼 체험에만 머물지 않는다. 혼 체험은 이미 자신의 생활에만 의미를 가지는 것이 아니다. 그것은 고차 세계의 지각내용으로 바뀐다.

그의 혼 속의 감정, 쾌감과 불쾌감, 기쁨과 고통이 인식 기관으로 성장한다. 마치 그의 눈과 귀가 그 자신을 위한 생명활동을 하면서 자신을 무로 돌리고 외부의 인상을 자기 속으로 통과시키듯이. 그리고 인식을 추구하는 자는 그것으로 인하여 평정과 확신이라는 영계 입문에 필요한 혼의 태도를 획득한다. 아무리 큰 기쁨도 그의 정신을 빼앗지 못하고, 그가 여태 간과하고 있던 세계의 특성들을 그에게 전해 준다. 어떤 큰 기쁨도 그의 마음을 흐트러 놓을 수 없다. 그런 평정을 통하여 기쁨을 가져다 주는 일의 본질적 특징이 그에게 드러난다. 고통도 이제는 더 이상 그를 우울하게 할 수 없으며, 그 고통의 원인이 무엇인지, 또 그것이 어떤 성질을 가지고 있는지 그에게 말해 줄 것이다. 눈이 자신을 위해서는 아무것도 바라지 않고, 단지 인간이 나아가야 할 길을 가르쳐 주듯이, 쾌감과 고통은 혼이 올바로 나아 갈 수 있게 인도한다. 이것이야말로 인식하는 자가 이르러야 할 혼의 균형상태이다. 쾌감과 고통이 인식하는 자의 내면 생활 속에서 파도를 일으키지 않으면 않을수록, 초감각적 세계를 위한 눈이 형성된다. 기쁨과 고통 속에서 살아가는 한, 우리는 기쁨과 고통을 통해 인식을 얻을 수 없다. 기쁨과 고통 속에서 살아가는 법을 배우고, 그것으로부터 자기 감정을 제거한다면, 그것은 인식을 위한 지각기관이 되어 줄 것이다. 인식하는 자의 혼이 기쁨도 슬픔도 모르는 차가운 인간이 되라는 말은 아니다. 기쁨과 고통은 분명 그의 내면에서 살아 있다. 그러나 영계를 탐구할 때 그것이 존재적 변용을 일으킨다. 그렇게 하여 인식의 "눈과 귀"가 되는 것이다.

우리가 이 세계와 개인적으로 관계하려 하면, 사물도 우리 성격의 일부분에 한해서만 관계한다. 그것은 사물의 무상한 부분이다. 그 무상한 것과 관계를 끊고, 자기 감정이나 "자아"를 영속적인 것 속에 살리고자 하면, 그 무상한 부분은 중개자가 된다. 그리고 이 중개자를 통하여 사물의 영원한 부분이 밝게 드러난다. 인식하는 자는 자기 속의 영원한 것과 사물 속의 영원한 것의 관계를 스스로 만들어내야 한다. 이미 말한 다른 수행을 실천하기 전에, 또는 그 수행 동안, 그는 이 영원한 것에 주목해야 한다. 돌, 식물, 동물, 인간을 관찰할 때 이 모든 것 속에서 어떤 영원한 것이 말을 하고 있다는 사실을 잊어서는 안 된다. 무상한 존재인 돌 속에서, 그리고 인간 속에서 지속적으로 살아가고 있는 것은 무엇인가, 변해 가는 감각적 현상을 넘어서 지속되어 가는 것은 과연 무엇인가 하고 물어야 한다.

영을 영원으로 향하게 하면 일상의 번잡한 감각이나 거기에 대한 마음의 배려를 없애게 될 것이므로, 살아 있는 현실에서 자기를 소외시키는 결과를 낳지는 않을까 염려할 필요는 없다. 그 반대이다. 한 장의 종이 조각도 한 마리 곤충도 그냥 바라보지 않고, 눈을 통하여 영을 그 대상으로 향하게 할 때, 수많은 비밀이 우리 앞에 모습을 드러낼 것이다. 우리의 감각은 일순간의 불꽃, 미묘한 색채, 목소리의 억양 같은 것을 생생하게 느낄 것이다. 아무것도 잃지 않는다. 오로지 새로운 생활이 옛 생활에 더해질 따름이다. 그리고 아무리 사소하고 진부한 것일지라도 눈길을 던지는 그 행위의 의미를 모르는 사람은 퇴색된 사상밖에 가질 수 없을 것이며, 영시 능력도 얻을 수 없을 것이다.

이 방향에서 우리에게 결정적으로 중요한 것은 마음가짐이다. 이 방향으로 얼마나 멀리까지 걸어 갈 수 있는가는 우리의 능력에 달렸을지도 모른다. 그러나 옳다고 생각하는 것만 행하고, 다른 것들은 그냥 내버려두면 그만이다. 처음에는 우리의 감각을 지속적인 것으로 향하는 것만으로 만족해야 한다. 이 수행을 통하여 영시에 의한 지속적인 것에 대한 인식이 일어 날 것이다. 그 인식이 주어질 때까지 기다려야 한다. 참을성 있게 수행을 하는 자는 적절한 시기에 반드시 그것이 얻는다.

이러한 수행을 계속해 가면 이윽고 눈부신 변화가 일어난다. 어떤 사물에서도 지속적인 것, 영원한 것과의 관계를 인식한다. 그리고 이러한 관계로부터 중요한 점과 중요하지 않은 점을 구별할 수 있게 된다. 이제 그는 세계에 대해 이전과는 다른 평가를 내릴 수 있다. 그의 감정은 주변 세계와 새로운 관계를 가지게 된다. 무상한 것은 이전처럼 그것만으로 마음을 끌 수 없다. 그것은 그에게 영원한 것의 일환으로서, 하나의 비유로서 의미를 가질 따름이다. 모든 사물 속에 활동하는 영원한 것을 사랑하는 법을 배운다. 이전에는 무상한 것이 그러했듯이, 지금은 이 영원한 것이 그에게 친화력을 가진다. 이것 때문에 생활에서 소외되는 법은 없다. 그는 단지 모든 사물에 대해 그 진정한 의미에 따라 평가하는 법을 배운다. 무의미한 잠꼬대를 들어도 그는 결코 그것을 무시하지 않는다. 영적인 것을 추구하는 사람은 그 잠꼬대에 매몰되지 않고, 거기에서 한정된 가치를 인식한다. 그는 그것을 올바른 빛 아래서 본다. 구름 위를 걸으며 일상 생활을 망각하는 자는 인식을 달성한 자가 아니다. 진정한 인식자는 모든 것에 대해 투철한 통찰과 정확한 감수성을 가지며, 그것으로 사물 하나 하나에 정당한 위치를 설정할 수 있다.

이렇게 하여 의지를 사방으로 휘두르는 예측 불가능한 외적 감각세계의 영향에서 벗어날 가능성이 생기는 것이다. 그는 인식을 통하여 사물의 영원한 본질을 보았다. 내면 세계가 변화한 지금, 그는 이 영원의 본질을 지각할 가능성을 늘 자기 속에 가지고 있다. 인식하는 자에게 다음과 같이 생각하는 것은 특별히 중요한 의미를 가진다.

"내적 요구에 따른 행위는 사물의 영원한 본질에 따른 행위이다. 왜냐하면 사물이 내 속에서 그 본질을 이야기하므로. 그러므로 내 속에 살아 있는 영원한 것에 따라 나의 행위에 방향성을 부여하는 나는, 영원한 세계질서의 의미를 실천하고 있다. 나는 이미 사물에 떠밀려 무작정 흘러가는 존재가 아니다. 사물 그 자체에 내재해 있고, 지금은 나 자신의 존재법칙이 되어 있는 그 법칙에 따라 나는 사물에 작용하고 있다."

내면에서 이루어지는 이러한 행위는 우리가 추구하고 노력해야 할 이상일 수밖에 없을지도 모른다. 이 목표의 달성이 요원한 일이라 하더라도 인식자는 이 목표로 나아가는 길을 뚜렷이 하려는 의지를 가져야 한다. 그것이 바로 그의 자유의지이다. 자유란 자신의 행위이다. 영원한 것에서 그 동기를 이끌어내는 사람만이 스스로 행위할 수 있다. 그렇게 할 수 없는 사람은 사물 그 자체에서 벗어난 동기로 행동한다. 이런 사람은 세계질서를 벗어나게 된다. 그러면 세계질서가 그를 압도할 것이다. 즉, 그는 마지막 순간까지 자신의 의지가 본래 가지고 있는 과제를 다할 수 없다. 그는 자유로울 수 없다. 개별적 존재의 자의성이 제멋대로의 행동을 부추겨 결국 스스로를 파멸시키고 말 것이다.

이러한 방식으로 자신의 내면생활에 작용을 가할 수 있는 사람은 영적 인식의 길을 한 걸음 전진한 셈이다. 이 수행의 결과로서 초감각적 세계에 대한 지각이 열린다. 그는 초감각적 세계에 대한 진실이 어떠한 것인가를 배운다. 그리고 경험을 통하여, 이 진실들에 대한 확증을 가지게 된다. 이 단계에 이르면, 이 길을 통해서만 체험할 수 있는 무엇인가가 그에게로 다가온다. 지금 처음으로 그에게 의미를 드러내는 비의(Initiation)가 "인류의 위대한 지도자의 힘"에 의해 그에게 전수된다. 그는 "예지의 제자"가 된다. 이 비의는 거기서 외적 인간관계를 고려하지 않을수록 올바르게 파악된다. 인식하는 자는 그때 일어나는 일을 암시적으로 표현할 수밖에 없다. 그는 새로운 고향을 발견한다. 그는 그것으로 인하여 자신이 초감각적 세계의 주민이 되었음을 의식한다. 영적 통찰력의 원천이 지금 어떤 고차적 영역에서 그에게로 흘러들어 온다. 인식의 빛은 외부에서 그를 비추는 것이 아니라, 그 자신이 인식의 광원 속으로 나아가고 있다. 세계가 제시하는 수수께끼는 그의 내면에서 새로운 빛을 받게 된다. 이때부터 그는 영에 의해 형성된 사물과 대화하는 것이 아니라, 형성하는 영 그 자체와 대화를 나눈다. 영적 인식의 순간에는, 개인의 사적 생활은 영원한 것의 비유로서 의식된다. 영에 대한 회의와 의구심은 사라진다. 왜냐하면 회의가 일어나는 것은 사물이 그로 하여금 내면에 작용하는 영에 대한 거짓 관념을 가지게 할 때뿐이기 때문이다. "예지의 제자"는 영 그 자체와 대화할 수 있으므로, 영에 대해 품었던 거짓 이미지를 모두 벗어 던진다. 영에 대한 거짓 이미지를 미신이라 한다. 비의에 입문한 자는 미신에 빠지지 않는다. 왜냐하면 무엇이 진정한 영의 모습인지를 알기 때문이다. 개인, 회의, 미신에 의한 모든 편견으로부터의 자유, 그것이야말로 인식의 좁은 길을 통하여 예지의 문에 들어갈 수 있다는 표시이다. 개인과 보편적 영성과의 이 일체성은 개성을 파멸시키는 "만유령" 속의 개인이 자기를 해소시키는 것을 의미하는 것이 아니다. 이러한 "소멸"은 개인의 진정한 발전이 있을 때는 일어나지 않는다. 개인이 영계와 관계를 맺을 때에도 개인은 여전히 개인이다. 개성의 극복이 아니라, 개성의 향상이 문제이다. 개개의 영과 보편적 영의 합일을 비유적으로 말한다면, 여러 가지 원이 하나의 원과 합동이 되고, 그 원 속에 자기를 해소시키는 그런 그림이 아니라, 각각이 나름대로의 색깔을 가진 많은 원을 생각해야 할 것이다. 그 다채로운 원환은 서로 겹쳐지는 경우에도, 각 색깔은 전체 속에서 그 특질을 잃지 않고 자기 존재를 유지하고 있다. 어느 색깔도 그 독자적인 색채 가치를 잃지 않는다.

"좁은 길"에 대해서는 더 이상 말할 필요가 없을 것 같다. 본서의 속편인 《신비학 개론》에서 좀 더 자세히 다루었기 때문이다.

위에서 말한 영적 인식의 좁은 길은 오해되는 경우가 많다. 그리고 생생한 기쁨이나 건강한 생활체험에서 벗어나기를 조장하는 것이 아닌가 하고 말하는 사람도 많다. 이런 오해에 대해서는, 영적 현실을 직접 체험하기에 적합한 혼의 분위기는 생활 전반으로 확대할 수 없다는 점을 강조하는 것으로 대답을 대신하겠다. 영적 현실의 탐구자는 자신의 혼을 감각적 현실에서 분리시킬 필요가 있고, 또 그것을 강력하게 수행할 필요가 있지만, 이 현실로부터의 유리는 생활 전반에 걸치는 것이 아니므로 결코 세상을 벗어난 그런 사람을 만들어내지 않는다.

영계를 인식하는 행위는 여기서 말한 인식의 좁은 길을 걸어가는 행위뿐만 아니라, 편견에 흐려지지 않는 건전한 이해력으로 영학상의 진리를 파악하려는 행위에 있어서도 고도의 도덕적 생활태도를 함양시켜 주고, 감각적 존재를 진실에 즉하여 인식하는 것을 가르치며, 자신감 있게 살아가는 태도와 내적 혼의 건전함을 가져다 주는 것이다.

보충 설명

1. 최근까지 "생명력"은 비과학적 개념으로 받아들여졌다. 그러나 서서히 "생명력"이라는 이념이 즐겨 사용되고 있다. 그러나 현대과학이 어떤 방향으로 진보되고 있는지를 잘 아는 사람은 오히려 "생명력"을 문제로 삼지 않는 입장이 보다 논리적 일관성이 있다는 것을 느낄 것이다. 자연의 힘 속에 "생명력"을 포함시키는 것은 거의 불가능한 일이다. 만일 현대과학의 사고 습관과 관념을 넘어서 보다 고차적 관점을 가지려 하지 않는다면, 오히려 "생명력"에 대해 말하지 않는 편이 좋다. "영학"의 사고방식과 전제에 설 때 비로소 논리적으로 그 문제에 접근할 수 있는 것이다. 그러나 지금까지 순수 자연과학적인 기초 위에 자신의 기본적인 세계관을 세운 사상가들 또한 생명현상을 설명하는 데에 무생물 속에도 작용하는 힘들만 적용시키려는 19세기 이래의 신앙을 이미 버렸다. 뛰어난 자연과학 오스카 헤르트비흐의 저서 《유기체의 생성 — 다윈의 우연 이론 비판》는 이 문제를 폭 넓게 다룬 역작이다. 그는 생명이 단순한 물리화학적 법칙에 의해 형성된다는 가설을 반박하고 있다.

이른바 신 생기론(Neo-Vitalism)에 있어서 "생명력"을 논하던 예전의 과학자들이 구사한 것과 유사한 방법으로 생명체 내부에 작용하는 고유하고 특수한 힘을 논하는 과학자가 나타났다는 것은 주목할 만하다.

그러나 비유기적 힘을 넘어 선 생명활동은 초감각적인 영적 지각 없이는 파악할 수 없다. 이런 사실을 인정하지 않는다면 이 문제는 학문적인 도식적 추상성의 영역을 벗어날 수 없을 것이다. 비유기적 대상을 다루는 자연과학의 인식 방법을 그냥 그대로 생명 영역에 적용해서는 안 된다. 그와는 다른 인식 방법을 얻을 수 있느냐가 모든 것을 결정한다.

2. 하등생물의 "촉각(觸覺)"에 대해 말할 때도 이 말은 통상적 의미의 "감각론"에서 다루는 촉각과는 다르다. 촉각이라는 표현은 영학적 관점에서 많은 비판을 가할 수 있을 것이다. 여기서 말하는 "촉각"이라는 것은 외적 인상의 일반적 지각이며, 그 특수한 지각이 시각과 청각이다.

3. 인간 존재의 분류는 통일된 혼의 활동을 자의적으로 구별한 것처럼 보일지도 모른다. 그런 사람들에게는 빛이 프리즘을 통과하여 무지개의 일곱 색깔을 나타내는 것과 같은 의미에서 통일된 혼의 활동을 분류했다는 사실을 강조해 두고 싶다. 물리학자가 프리즘을 통과한 빛의 굴절과 함께 나타나는 일곱 가지 색상을 통하여 빛을 연구하듯이, 같은 방식으로 영학자는 혼의 본질을 해명한다. 혼의 7구

분은 오성에 의한 추상적 구별이 아니다. 빛을 일곱 가지 색깔로 구분하는 것이 추상적이 아닌 것과 마찬가지다. 이 모든 구분은 사물의 내적 본성에 기초해 있다. 다른 점은 오직 빛의 7구분이 외적 장치에 의해 가시화되는 데에 반해, 혼의 7구분은 혼의 본질을 영적 눈을 통하여 지각한 것이다. 혼의 진정한 본질은 이 구분을 이해하지 않고서는 이해되지 않는다. 왜냐하면 인간 존재의 세 가지 부분, 육체, 생명체, 혼체를 통하여 혼은 무상한 세계에 속하고, 다른 네 가지 부분을 통하여 영원의 세계에 뿌리를 내리고 있기 때문이다. "단일한 혼"에도 무상한 것과 영원한 것이 무차별적으로 결합되어 있다. 혼의 이러한 구조를 통찰하지 못하는 사람은 혼과 세계 전체의 관계를 알 수 없다. 또 다른 비유를 하자면, 화학자는 물을 수소와 산소로 나눈다. 이 두 원소는 "단일한 물" 속에서는 관찰되지 않는다. 그러나 수소나 산소는 고유한 성질을 가지고 있고, 제각기 다른 원소들과 결합할 수 있다. 그처럼 죽음에 임하여 분리된 세 가지 "혼의 하위 부분"은 무상한 세계존재와, 네 가지 상위 부분은 영원한 존재와 결합한다. 혼을 구분하는 것 자체를 반대하는 사람은 물을 수소와 산소로 나누려 하지 않는 화학자와 다름없다.

4. 영학상의 표현은 정확히 이해되어야 한다. 왜냐하면 표현이 정확히 이념을 나타낼 수 있어야 영학 그 자체가 의미를 가지기 때문이다. 예를 들어 "이것(감각들)은 그 경우(즉, 동물), 독립된 직접적 체험을 넘어 선 사고내용"이라는 구절을 살펴보자. "독립된 직접적

체험을 넘어 선" 이란 말을 무시하는 사람은 동물의 감정이나 본능 속에는 사고 내용이 포함되어 있지 않다는 주장이라고 생각할 것이다. 그러나 진정한 영학은 동물의 모든 내적 체험이 사고내용과 결합되어 있다는 인식에 기반을 두고 있다. 단, 동물의 사고 내용은 동물의 "자아" 가 독립적으로 사고내용을 가진다는 것이 아니라, 바깥으로부터 개개의 동물을 지배하는 동물의 집합적 자아의 사고내용인 것이다. 이 집합적 자아는 인간의 자아처럼 물질계 속에는 존재하지 않고 혼계 속에서 개개의 동물에 작용하고 있다.(여기에 관해서는 나의 저술《신비학 개론》에서 자세하게 다루었다.) 인간의 사고내용은 독립된 존재이며, 간접적인 감정으로서가 아니라, 직접적인 사상으로서 혼에 의해 체험된다.

5. 어린아이는 "철수는 착한 아이", "순이는 이걸 좋아해" 라는 식으로 말하는데, 그때 어린아이가 얼마나 빨리 "나" 라는 말을 사용하느냐가 문제가 아니다. 언제 어린아이가 "나" 에 대응하는 관념을 연결시키는냐가 문제이다. 어른이 자주 쓰는 "나" 라는 말을 듣고 어린아이가 "자아" 의 관념도 없이 그냥 이 말을 사용하는 경우도 있을 것이다. 대체로 상당한 시간이 지난 후에 사용하게 될 이 말은 희미한 자아 감정에서 점차로 자아 관념이 형성되는 소중한 성장과정을 나타내고 있다.

6. "직관" 의 의미는 나의 저서《초감각적 세계 인식》과《신비학 개론》에서 자세히 논했다. 표면적으로 보면 본서에서 말하는 직관과

두 저서의 직관이 서로 모순되는 것 같다. 그러나 영적 인식에서 영계가 직관을 통하여 자기의 진정한 모습을 드러내는 방식은 영적 자아의 가장 차원 낮은 형식에 있어서 물질계의 외적 사물이 감각에 작용하는 것과 똑같은 방식이다. 이 점을 잘 생각해 보면 이것은 서로 모순되지 않는다.

7. '영의 재생과 운명'. 이 장은 다른 장과는 달리 초감각적 인식 내용을 다루지 않고 인생의 과정 그 자체를 이론적으로 고찰하고 있다. 그리고 현세의 생활과 그 운명이 윤회전생을 가리키고 있다는 것을 논하고, 그 사고방식의 근거를 밝히려 하였다.

물론 이런 사고방식은 인생은 한번뿐이라고 생각하는 사람에게는 수상쩍은 논리일 것이다. 그러나 여기서는 이러한 일반적인 선입 관념으로는 삶의 근거를 인식할 수 없다는 전제 하에서, 그 사고의 기초를 다지려 하였다. 따라서 일반적인 사고방식과 일견 모순처럼 느껴지는 사고방식을 동시에 탐구하지 않으면 안 된다. 이 다른 사고방식은 혼의 내적 체험으로 파악할 수 있는 현상에 대해 물질계의 현상에 대한 것과 같은 이론적 고찰을 할 수 있다는 사실을 철저히 부정하는 경우, 탐구할 길이 없어지고 만다. 이런 부정적 태도를 가진 사람은, 예를 들면 자아가 겪는 어떤 운명적 타격에 의해 기억 속의 체험내용과 공통되는 어떤 체험을 하고 있다는 감정이 일어났을 때도 이런 감정에 전혀 가치를 두지 않을 것이다. 그러나 운명의 타격을 체험적으로 아는 사람이라면, 이 체험을 운명과 자아의 살아 있는 관계를 무시하고 외계에만 주의를 기울이는 사람들의 생각과 구별할 수 있는 것이다. 이런 사람의 주장은, 운명의 타격이란 우연 아니면 외부에서 규정된 조건들에 의한 것이다. 이 인생에서 처음 나타나 미래에 이르러서야 그 결과를 드러내는 운명의 타격도 있다. 그러므로 이러한 운명만을 일반화하고, 다른 가능성을 전혀 고려하지 않으려 하는 유혹도 클 것이다. 그러나 인생경험을 거듭하면서 괴테의 친구 크네벨처럼 생각할 수 있게 되면, 다른 가능성도 고려하지 않을 수 없을 것이다. 크네벨은 한 편지에 이렇게 적고 있다.

"잘 관찰해 보면 대부분 사람들의 생활에는 어떤 의도가 작용하고 있음을 알 수 있습니다. 그것은 그들의 성격이나 환경을 통하여 처음부터 그들을 규정하고 있는 것 같습니다. 그들의 생활 상황은 얼마든지 변화할 수 있겠지만, 그러나 결국은 서로 호응하는 어떤 전체에 의해 통일되는 것입니다. 운명을 이끄는 손은 처음에는 살짝 숨어 있지만 언젠가는 나타나는 법입니다. 그것은 외적 작용이나 내적 활동이 되어 나타납니다. 때로 서로 모순되는 이유들이 이 움직임 속에서 발견됩니다. 운명의 진행이 아무리 혼란스런 것처럼 보여도, 결국은 뚜렷한 근거와 방향성을 드러내는 법입니다."

이러한 관찰은 이 관찰의 기초가 되고 있는 혼의 체험들을 고려하지 않는 사람들에 의해 비난의 대상이 된다. 그러나 필자는 윤회전생과 운명에 대한 논증을 통하여, 인생 형성의 여러 가지 근거를 어디까지 밝힐 수 있는가, 그 한계는 어디까지인가를 정확히 규정할 수 있었다고 생각한다. 그리고 이런 사고방식으로 이끌어 낸 직관 내용이 여기서는 "그림자 그림" 정도의 수준밖에 표현되어 있지 않다는 것, 이 논증이 영학으로 획득되어야 할 단순한 이론적 준비에 지나지 않는다는 것은 이미 밝혀 두었다. 그러나 이러한 이론적 준비 작업 또한 하나의 내적 혼의 행위로서, 유효한 범위를 스스로 착각하지 않고, "증명" 하려는 생각을 버리고, 오로지 실천을 희구한다면, 이러한 혼의 행위는 이론적 준비가 없으면 어처구니없게 보일 인식 내용에 대해 편견 없이 마음을 열게 해 줄 것이다.

8. 본서의 마지막 장인 "인식의 좁은 길" 에서 "영적 지각기관" 에 대해 간단히 언급하였다. 상세한 내용은 《초감각적 세계 인식》과 《신비학 개론》에서 다루었다.

9. "물질계에 존재하는 것과 같은 일정 장소에서의 휴식과 정체" 가 영계에 없다고 해서, 그곳을 쉼 없는 변화의 세계로 생각하는 것은 잘못이다. "원상을 창조하는 존재" 가 있는 곳에는 분명 "일정 장소에서의 휴식" 이란 있을 수 없지만, 활발한 움직임과 결합된 영적 안식은 존재한다. 그것은 무위 속에서가 아니라 행동 속에 나타나는 정신의 평온한 만족감과 행복감에 비교될 수 있다.

10. "의도" 라는 말은 세계발전의 힘을 가리키는 말이다. 따라서 이 말은 인간의 의도와 같은 뜻으로 생각해서는 안 된다. 원래 인간

사회의 영역에서 유래하는 말의 뉘앙스에서 인간적 제약 모두를 제거하고, 그 대신에 인간이 이른바 자기 자신을 넘어 선 생활 상황에 놓여 있을 때 발견할 수 있는 것을 덧붙인다면, 비로소 이런 단순화의 유혹에서 벗어날 수 있다.

11. "영적 언어"에 대해서는 《신비학 개론》에서 다루었다.

12. "영원한 것을 기준으로 하여 자신의 방향성을 결정할 수 있다"라고 하였는데, 이것은 죽음에서 생에 이르는 인간 혼의 특수한 상태를 가리킨다. 현세의 인간을 덮치는 운명적 타격은 이 세상의 혼에게는 인간의 의지에 반하는 사건으로 비칠지도 모른다. 한편 죽음에서 생에 이르는 생활에는 이러한 운명의 타격을 체험하려는 의지와 유사한 힘이 혼 속에서 활동하고 있다. 혼은 어느 정도까지 이전의 지상생활이 자신의 내면에 불완전한 부분을 만들어냈다는 사실을 알고 있다. 그 불완전성은 추한 행위나 추한 사고내용에서 유래한다. 죽음과 재생 사이에 이런 불완전성을 청산하려고 하는 의지와 비슷한 충동이 일어난다. 그 때문에 혼은 다음 지상생활에서 자신을 불행에 빠뜨리고 그 고통을 통하여 청산하려는 성향을 자신 속에 만들어 둔다. 그러나 육체 존재로 다시 이 세상에 태어나면, 이전의 순수 영적 존재였던 시기에 스스로 자신에게 부과했던 것을, 혼은 기억하지 못한다. 지상생활의 관점에서는 바람직스럽지 못한 일도 초감각적 관점에서 보면 혼 자신이 바라던 일이다. 영원한 것을 기준으로 삼아 인간은 자신이 미래를 결정하는 것이다.

13. "사고형태와 인간의 아우라에 관하여"는 가장 오해받기 쉬운 부분이다. 적의를 가진 사람들에게는 이 장이야말로 비난받기에 마땅한 부분일 것이다. 견자의 표현내용을 자연과학적 관찰 방법으로 실험을 통하여 증명되어야 한다는 요구가 나올 수도 있을 것이다. 아우라의 영적 내용을 볼 수 있다고 주장하는 사람들을 모아 두고, 어떤 사람을 앞에 세운 다음 그의 아우라를 보고 설명해 보라고 할 것이다. 그리고 그 사람의 아우라에서 어떤 사고내용이나 감정을 느낄 수 있는지를 견자라 자칭하는 사람들에게 말하게 한다. 만일 그들의 말이 서로 일치하고 진정으로 그 사람이 견자들이 말하는 감정과 사고내용을 가지고 있다면 모든 사람이 아우라의 존재를 믿게 될 것이라 말할 것이다. 분명히 그것은 자연과학적인 증명 방법이다. 그러나 문제는 다음과 같은 점에 있다. 영학 연구자가 영시 능력을 위해 행을 통하여 자신의 혼에 작용하는 것은 그 능력을 얻기 위해서이다. 그러나 개개의 경우에 그가 영계에서 무엇을 지각하는지, 그리고 그가 무엇을 지각하느냐는 스스로 결정할 수 있는 일이 아니다. 그것은 영계의 선물로서 그에게 주어지는 것이다. 억지로 그것을 얻을 수 없다. 자신에게 올 때까지 기다려야 한다. 지각을 얻으려는 그의 의도가 그 지각을 얻는 원인이 될 수는 없다. 그러나 자연과학적 사고가 실험을 위해 요구하고 있는 것은 바로 이런 의도이다. 그러나 영계는 명령받지 않는다. 만일 실험을 행해야 한다면, 그것은 영계의 의지로 이루어져야 한다. 한 사람 또는 몇 사람의 사고내용을

한 사람 또는 몇 사람의 견자가 읽어내기 위해서는 영계 속의 어떤 존재가 그런 의도를 가져야 한다. 그런 경우, 견자들은 "영적 충동"에 촉발되어 관찰하기 위해 모여 들 것이다. 그때는 그들의 관찰 결과는 일치할 것이다. 이것이 아무리 자연과학적 사고에 맞지 않는다 해도 사실임에는 어쩔 수 없다. 영의 실험은 물리 실험처럼 되지 않는다. 예를 들면 견자가 낯선 사람의 방문을 받을 때, 그는 이 사람의 아우라를 금방 관찰할 수 없다. 그러나 영계의 내부에서 그것을 볼 필요가 일어나면, 그는 그것을 본다.

앞에서 말한 비난과 오해의 가능성에 대해 이런 간단한 말로 설명해 둔다. 영학이 해야 할 일은 어떤 길을 가면 아우라가 보이고, 어떤 길을 가면 아우라의 존재를 체험할 수 있는지 말하는 것이다. 보기 위한 조건에 자신의 혼을 맞추면, 그것을 볼 수 있다. 위에서 말한 자연과학적 방법이 통용된다면 어렵지 않게 달성할 수 있을 것이다. 위와 같은 요구를 하는 사람은 자신이 영학상의 가장 초보적인 사실도 모르고 있음을 고백하는 데 지나지 않는다.

여기서 말하는 "인간의 아우라"의 기술은 초감각적인 것에 대한 흥미 위주의 태도에 영합해서는 안 된다. 감각적 세계의 현상과 구별되지 않고, 따라서 안이하게 이 감각적 세계에 머물러 있을 수 있는 것을 "영"으로 규정한다면, 그런 흥미 위주의 태도로 만족을 얻을 것이다.

아우라의 색채가 나타날 때의 특별한 체험을 기술하는 부분이 이런 오해를 막아 줄 수 있을지도 모른다. 그렇지만 아우라에 대한 올바른 이해를 얻으려면, 인간의 혼이 영적 체험을 가질 때는 당연히 아우라적인 것을, 감각적으로서가 아니라 영적으로 직관하고 있다는 것을 통찰하지 않으면 안 된다. 이러한 직관이 없으면, 영적 체험은 무의식에 머물 것이다. 구상적인 직관을 영적 체험 그 자체로 혼동해서는 안 되겠지만, 이 구상적 직관 속에는 영적 체험 그 자체가 적확한 표현이 있다는 것도 알아두자. 이 표현은 직관하는 혼이 자의적으로 행하는 표현이 아니라, 초감각적 지각 속에서 저절로 형성되는 것이다.

지금 시대는 모리츠 베네직트 교수의 저서《팬듈럼 점과 수맥찾기》와 같은 방법으로 자연과학자가 일종의 "인간의 아우라"를 논하는 것을 인정하려 하고 있다. 이 저자는 다음과 같이 말한다.

"소수이지만 어둠에 적응할 수 있는 인간이 있다. 이 사람 가운데 대부분은 어둔 속에서도 색채를 구별하거나 물체를 구별할 수 있다. 그러나 그 중에서도 극소수는 물체의 색채조차 구별해낸다. 다수의 학자와 의사가 나의 암실에서 내가 아는 두 사람의 전형적인 어둠 적응자를 관찰하였다. 학자들은 두 사람의 정확한 식별 능력을 인정하지 않을 수 없었다. 색채를 지각하는 어둠의 적응자들은 얼굴과 머리 전면에 푸른색을, 우측 뇌에도 같은 청색을, 그리고 좌측면에 빨강, 때로는 오렌지색이 깃든 황색을 보았다. 배후에도 같은 구분으로 같은 색이 있었다."

그러나 영학자가 "아우라"에 대해 이야기하면 그리 쉽게 인정하려 하지 않는다. 여기서 이 구절을 인용한 것은 현대 자연과학의 가장 흥미로운 부분에 속하는 베네딕트의 이런 논증에 대해 여기서 나의 태도를 밝히려는 것도 아니고, 흔히 볼 수 있는 일이지만 자연과학으로 영학을 옹호하는 데 이용하기 위해서도 아니다. 단지, 어떤 경우에는 자연과학자도 영학의 주장과 비슷한 주장을 하는 경우도 있다는 사실을 지적하기 위해서이다. 그러나 이런 경우에도 강조해 두어야 할 것은 본서가 영적으로 이해하고 있는 아우라와 베네딕트가 물리적 방법으로 연구하고 있는 아우라가 전혀 다르다는 사실이다. "영적 아우라"가 외적 자연과학적 수단으로도 연구할 수 있다고 생각한다면 그것은 심한 착각이다. 영적 아우라는 인식의 좁은 길을 걸은 자의 영시에 의해서만 지각될 수 있다. 영적으로 지각될 수 있는 현실성이 감각적으로 지각될 수 있는 현실성과 같은 방법으로 증명될 수 있어야 한다는 주장은 오해에서 비롯하는 것이다.

운명을 다스리는 명쾌한 내적 혁명

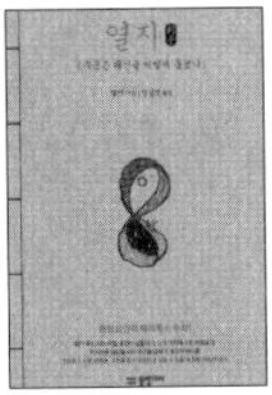

난세에 필요한 영원한 멘토

열자

수천 년을 이어온 우화에 담긴 메시지는 읽을 때마다 다양한 각도로 우리에게 삶의 지혜를 전한다. 사람들은 명예 · 지위 · 재물 · 장수 이 네 가지를 좇느라 기력을 탕진하며 쉬지도 못한다. 그것은 과거에도 지금도, 그리고 아마 앞으로도 변하지 않을 것이다. 그러다 문득 자신의 삶을 돌아볼 때, 이 책은 당신만의 보물상자가 되어줄 것이다. **열자 지음 | 정창영 옮김**

서양의 지성들을 움직인 동양의 고전

도덕경

헤겔이나 하이데거, 톨스토이 등 철학자나 대 사상가들이 도덕경을 읽었다는 사실은 잘 알려져 있다. 지성인들은 왜 도덕경을 마치 화수분 삼아 그 곁을 떠날 줄을 몰랐을까. 변증법에 입각한 독일관념론의 체계를 수립한 철학자 헤겔은 "노자의 사상은 그리스 철학을 능가하는 인류 철학의 원천"이라고 말했었다. **노자 지음 | 정창영 옮김**

일상의 삶속에 드러나는 영적인 깨달음

바가바드 기타

오랜 세월 인류가 반드시 읽어야 할 고전이자 경전으로 손꼽혀 이 책은 700구절의 시 형식으로 되어 있다. 신의 현현(顯現) 크리슈나와 위대한 영혼의 소유자 아르주나가 나누는 이야기다. 그 이야기 속에는 마음, 물질, 카르마, 요가, 명상, 지혜, 깨달음, 윤회, 삶과 죽음 등 인류가 품어온 거의 모든 의문과 그 대답이 들어 있다. **뱌사하 지음 | 정창영 옮김**

마르지 않는 지혜의 샘

아는 것으로부터의 자유

크리슈나무르티는 우리에게 정말 살고 있느냐고 물으면서 부분적인 변화가 아닌 완전한 변화, 즉 내적 혁명을 강조한다. 그러려면 '과거는 죽어야' 한다. 어제가 죽어야 오늘이 있고 매순간 죽어야 매순간 살 수 있다. 시간이 가면 나도 뭔가 달라지겠지 해서는 결코 달라지지 않는다. **지두 크리슈나무르티 지음 | 정현종 옮김**

영 · 유아기 부모를 위한 교육의 비밀

몸과 마음이 건강한 아이의 교육

발도르프 음악교육과 놀이

피아니스트이자 음악심리 상담사가 제안하는 몸과 마음이 건강한 아이로 키우는 놀이. 아이의 활발한 움직임이 사고력을 키우는 원동력이 된다. 발도르프 음악교육적 관점에서 저자가 직접 상담을 통해 경험한 사례를 같이 수록하여 아이들의 심리를 좇을 수 있어 부모 뿐 아니라 어린이집 또는 초등 저학년 선생님들에게 매우 실제적인 도움을 준다. **김현경 지음.**

재능과 가능성에 대한 열린 교육

12감각을 깨워야 내 아이가 행복하다

과학에서는 보통 다섯이나 여섯, 일곱 가지의 감각만을 구별하지만, 발도르프 교육을 창안한 루돌프 슈타이너는 12감각에 대해 강조한다. 슈타이너는 모든 교육은 예술적이어야 한다는 '교육예술'을 주창하였었다. 아이를 위해 읽기 시작하나 부모를 한 단계 성장시키는 자녀 교육서가 아닌 부모 교육서라고 해도 좋을 듯하다. **김현경 지음**

평생을 좌우하는 영유아 교육

무지개 다리 너머

발도르프 교육은 인간 영혼에 대한 오랜 탐구와 아이에 대한 최선의 교육으로의 끝없는 연구 끝에 탄생했다. 현재 46개 나라에 700여 개가 넘는 발도르프 학교가 존재한다는 사실이 보여주듯이 전세계로 퍼져나가고 있는 중이다. 또한 10여 년 전부터 우리 아이들의 교육에 적용시키기 위한 많은 노력이 행해지고 있다. **바바라J 외 지음 | 강도은 옮김**

아이의 발달 단계에 맞춘 음악교육

창의적인 아이로 키우는 발도르프 음악 교육

음악은 단순히 음가를 구분하고 음의 높낮이를 구별하는 능력을 기르는 분야가 아니다. 음의 움직임이 무엇을 표현하려는지 이해하고, 그것을 표현하는 것이다. 이것이 바로 '의미를 듣는 것'이며, 표면적인 듣기가 아닌 본질을 들을 수 있는 이것이 음악이 가진 놀라운 힘이다. **김현경 지음**